Tercüme
Ayşegül Özdemir

Tashih
Polen Yayınları

Sayfa Düzeni
Polen Yayınları

Kapak Tasarımı
Ramazan Erkut

Baskı
Alioğlu Matbaacılık
Orta Mah. Fatin Rüştü Sok. No: 1-3/a
Bayrampaşa / İSTANBUL   Tel: 0212 612 95 59

Cilt
Alioğlu Matbaacılık
Orta Mah. Fatin Rüştü Sok. No: 1-3/a
Bayrampaşa / İSTANBUL   Tel: 0212 612 95 59

ISBN
978-625-7948-07-4

Mayıs 2020

KARINCA & POLEN YAYINLARI
(Karınca & Polen Yayınları
"Billbao Tekstil Yayıncılık Sanayi ve Tic. Ltd. Şti" kuruluşudur)

Adres ve Telefon

Yakuplu Merkez Mah. 31. Sk. No: 12A
Beylikdüzü / İSTANBUL

(0 212) 875 65 14 - 0532 356 47 44

www.karincakitap.net
karincakitap@hotmail.com

4 Büyük Halife

Hz. Osman

(radıyallâhu anh)

MAHMÛD EL-MISRÎ

İÇİNDEKİLER

GİRİŞ

Tüm övgüler Yüce Allah'a mahsustur. O'na hamdeder, O'ndan yardım ister, O'ndan bağışlanma dileriz. Nefislerimizin şerrinden ve amellerimizin kötülüklerinden Allah'a sığınırız. Allah (c.c.) kimi doğru yola iletirse o doğru yolu bulmuştur. Kimi saptırırsa ona yol gösterecek bir dost bulamazsın.

Şehadet ederiz ki Allah'tan başka hiç bir ilah yoktur, O tektir ve hiçbir ortağı yoktur. mülk sadece O'nundur, hamd ancak O'na mahsustur. Diriltir, öldürür ve O her şeye kadirdir. Hikmetiyle kaderleri belirlemiş, dilemesiyle zamanı çizmiş, hayatı kural ve nizamına uygun biçimde yürütmüştür. Allah müşriklerin eş koştuklarından münezzehtir.

Yine şehadet ederiz ki efendimiz, nebimiz ve imamımız Muhammed Allah'ın kulu ve elçisidir. O'nu -Peygamberlere ara verildiği bir zamanda-, gözler fırladıktan, akıl ve anlayışlar şaştıktan, insanlar iyice saptıktan sonra, tüm dinlere galip yapmak için hidayet ve hak dinle göndermiştir. O da mesajı ulaştırmış, emaneti eda etmiş ve ölüm gelene kadar Allah yolunda var gücüyle cihad etmiştir. Bizi, gecesi gündüz gibi olan ve ancak helak olmuş ve sapmış kişinin sapacağı beyaz, net bir yol üzere bırakmıştır. Allah'ın hesap gününe kadar devam edecek salat ve selamı; O'nun (sallallâhu aleyhi ve sellem), pak âlinin ve tüm ashabının üzerine olsun.

İmdi...

Bu emaneti O'ndan (sallallâhu aleyhi ve sellem) sonra raşid halifeler, Ebû Bekir, Ömer, Osman ve Ali taşıdı. Allah hepsinden razı olsun.

Her birinin, yaşadığı ve içinde bulunduğu farklı koşul ve olaylara göre- ki bu otuz yıl sürdü- farklılık arz eden bir rolü ve görevi ifa ediş tarzı vardı. Bu dönem, bazen devletin temellerinin ve fethin sağlamlaştırılması şeklinde, bazen ise, hala nefislerde etkisini gösteren kabilecilik/ırkçılık/hizipçilik kalıntılarının harekete geçirdiği "yönetim üzerindeki kavgalar" şeklinde tezahür eden bir hareketlilik ve canlılıkla doluydu.

Ayrıca İslâm ümmeti ve devleti ömrünün yirmilerinin sonlarından itibaren Yahudi'nin İslâm'a yönelik hile ve entrikalarına düçar olmuştu.

Buna rağmen, ortaya hakikatle çıkan bir taife mutlaka oluyor ve bunlar gevşeklik göstermiyor, ihmâlkarlık yapmıyorlardı. İşleri güçleri söz ve kılıçla cihaddı ve kendilerini Allah'a adamışlardı. Bunlar ilim ve amellerinde düzgün metod ve doğru yol üzere gitmeye devam ettiler. Merkezi yönetim ve hükümet muhitinde ses getiren bu kimseler sağa sola ve dört bir yana koşuyor, Allah'ın sancağını ve dinini yayıyor, gücünü kökleştiriyor; putçuluk ve şirkle ezilen halklardan cehalet körlüğünü, Allah'tan başkasına kulluk sarhoşluğunu kaldırıyorlardı.

Raşid halifelerden her birinin hayatını başından sonuna, müslüman olmasından, Rasûlullah'la arkadaşlığına, mesuliyet yüklendiği günlere kadar araştırdığımızda onların çektikleri sıkıntıları daha iyi anlıyoruz! Çünkü onların hiçbiri -Allah hepsinden razı olsun- o bilindik lüks yaşam, keyfi liderlik, saltanatın nimetleri, yönetimin sertliği, insanlar ve halklar üzerinde hakimiyetin zorbalığı içinde keyif sürmüyordu. Bilakis onlar gerçekten ve fiili birer örnek ve önderdiler! Hatta en zenginleri olan Hz. Osman (radıyallâhu anh), devletin düzenlemelerindeki ve yönetim şeklindeki gelişmelere rağmen, geçmiş hayatını (tüccar ve çok zengindi) hilafet sonrasına taşımamıştı.

Kendime ve değerli okuyucuya üç halifenin, Ömer, Osman ve Ali'nin hayatının noktalanış biçimini hatırlatmak istiyorum. Üçü de -üstelik bunların ikisi Allah'ın evinde- şehid oldu.

Hz. Ömer Rasûlullah'ın (sallallâhu aleyhi ve sellem) mescidinde, mihrapta ve bir mecusinin eliyle...

Hz. Osman (radıyallâhu anh) evinde, Allah'ın Kitabı'nı okurken, bir Yahudi olan İbn Sebe'nin teşvikiyle, bir, hatta iki sapığın eliyle.

Hz. Ali (radıyallâhu anh) da, yine mescidde ve Kur'an ayı Ramazan'da. İbn Sebe'nin ektiği fitne tohumunun bitirdiği şâibeli bir ağaç olan Haricîlerden Abdurrahman b. Mülcem isimli Haricînin eliyle!

Bu kitabımızda şahısların, hatta onların -Allah hepsinden razı olsun- eliyle yetişen bir ümmetin hayatını ele aldık. Allah sabırlarının karşılığında onlara cennet ve türlü nimetler versin!

Allah'tan muvaffak kılınmış olmayı niyaz ediyorum. Bir eksiklik varsa bendendir.

Allah'a temiz bir kalple gelen dışında, hiçbir malın ve oğulların fayda vermeyeceği günde, alemlerin rabbinin hoşnutluğundan başka hiçbir ücret istemiyorum.

Duamızın sonu şudur: Hamd alemlerin rabbi Allah'a mahsustur.

MUHAMMED ÜMMETİNİN FAZİLETLERİ

Bizi diğer tüm insanlara tercih eden, en muhteşem marifet kadehiyle bizi sulayan, nebimizi insanları yönetip yönlendiren en üstün nebi kılan Allah'ı tesbih ederiz. O, Peygamberi bu ümmetin en faziletlisi kılıp bizi de yüce bir hedefe sahip olmakla nimetlendirdiği için şöyle buyurdu: *"Siz insanlar için çıkarılmış en hayırlı ümmetsiniz. İyiliği emreder, kötülükten nehyeder ve Allah'a iman edersiniz."* (Âl-i İmran: 110)

Biz bir risaleti insanlara ulaştırmak için var olan bir ümmetiz. Bu nedenle, bu risaletten vazgeçmemiz asla mümkün değildir. Allah İslâm ümmetini, diğer tüm ümmetler Allah'ın tüm beşeriyet için seçmiş olduğu yönde yürüsünler diye onlara yollarını aydınlatmak için var etmiştir.

Allah, *"Onlar dini yalnızca ona has kılan hanifler olarak Allah'a kulluk etmekten, namazı kılmaktan ve zekatı vermekten başka bir şeyle emrolunmadılar. Dosdoğru din işte budur"* (Beyyine: 5) âyetinde belirtildiği üzere geçmiş ümmetleri kendi içlerinde istikamet üzere olmakla yükümlü tutarken, İslâm ümmetine iki önemli şeyle yükümlü tutmuştur:

1- Allah'a kulluk etme yükümlülüğü: *"Allah'a ibadet edin ve O'na hiçbir şeyi ortak koşmayın."* (en-Nisa: 36)

2- Tüm beşeriyete yol gösteren ve tüm beşeriyete tanıklık eden bir ümmet olma yükümlülüğü: *"Böylece sizi insanlar hakkında şahitler olasınız ve Rasûl de sizin hakkınızda şahit olsun diye vasat bir ümmet kıldık."* (el-Bakara: 143) İşte bu müslüman ümmetin hayırlılığında gizli olan sır da budur: *"Siz insanlar için çıkarılmış en hayırlı ümmetsiniz. İyiliği emreder, kötülükten nehyeder ve Allah'a iman edersiniz."* (Âl-i İmran: 110)

Said el-Hudri'den rivayet edildiğine göre Nebi (sallallâhu aleyhi ve sellem) şöyle demiştir: *"Nuh kıyamet günü çağırılır ve 'Buyur ya Rabbi' der. Allah 'Tebliğ ettin mi?' diye sorar, o 'Evet' karşılığını verir. Ardından onun ümmetine 'Size tebliğ etti mi?' diye sorulur ve onlar 'Bize herhangi bir uyarıcı gelmedi' derler. Bu kez Nuh'a 'Sana kim şahitlik eder?' diye sorulur, o 'Muhammed ve ümmeti' der. Siz de onun halkına tebliğ ettiğine şahitlik edersiniz. İşte o zaman Rasûl de size şahit olur. Bu Allah'u Teâlâ'nın şu sözüdür: "Böylece sizi insanlar hakkında şahitler olasınız ve Rasûl de sizin hakkınızda şahit olsun diye vasat bir ümmet kıldık."* [1]

Ubey ibn Kab'ın (radıyallâhu anh) bu âyet hakkında şöyle dediği aktarılmıştır: *'Şahitler olasınız diye.'* Onlar kıyamet gününde şahitlerdirler. Nuh'un kavmine, Hûd'un kavmine, Salih'in kavmine, Şuayb'ın kavmine ve başkalarına, Peygamberleri onlara risaleti ulaştırdı ve onlar da Peygamberlerini yalanladılar, diye şahitlik ederler.

Ebu'l-Âliye (radıyallâhu anh) şöyle der: Bu Ubey'in kıraatine uygundur. O şöyle okur: "Kıyamet günü insanlar hakkında şahitler olasınız diye."

Cabir'in (radıyallâhu anh) Nebi'den (sallallâhu aleyhi ve sellem) rivayetinde o şöyle der: *"Başka ümmetlere mensup olup da*

---

1 Buhârî tahric etmiştir, hd.no:4487, Kitabu't-Tefsir, "Böylece Sizi Vasat Bir Ümmet Kıldık…" Babı.

bizden olmayı istemeyen hiç kimse yoktur, ey ümmet. Kavmi kendisini yalanlayan her nebinin bizler kıyamet günü şahitleriyizdir. Allah'ın risaletini kendilerine ulaştırdığı ve onlara öğüt verdiğine dair tanıklık ederiz." [2]

Hatta Nebi (sallallâhu aleyhi ve sellem) şöyle der: *"Sizler Allah'ın yeryüzündeki şahitlerisiniz, melekler ise O'nun gökteki şahitleridirler."* [3]

Daha sahâbenin faziletlerinden bahsetmeden, işte size Peygamber'in ümmetinin faziletlerinden bir demet:

"Sizinle ümmetler yetmişe tamamlanır.[4] *Siz Allah yanında onların en hayırlısı ve en şereflisisiniz."* [5]

"Ümmetim yağmur gibidir; başı mı hayırlıdır sonu mu hayırlıdır, bilinmez."[6]

"Ümmetim kendisine rahmet edilmiş bir ümmettir. Bu yüzden de ona ahirette azab yoktur. Onun azabı dünyada fitneler, zelzeleler, öldürülme ve belalar iledir." [7]

"Allah kulları arasından bir ümmete rahmet etmek isteyince, onlar hayatta iken nebilerini alır ve onu kendilerine selef

---

2   Hafız İbn Hacer Fethu'l-Bari'de şöyle der: Bu hadisi İbn Ebi Hâtim ceyyid bir senetle Ebû'l-Âliye-Ubey İbn Ka'b tarıkıyla tahric eder.

3   Taberani, Seleme ibnu'l-Ekva'dan rivayet eder. Elbani 'Sahihu'l-Cami'de bu hadisin sahih olduğunu söyler (1490)

4   Buradaki sayı sınırlama maksadıyla değil çokluk bildirme maksadıyla söylenmiş de olabilir. O zaman mana "Siz gelmiş geçmiş pek çok ümmetin en sonuncususunuz" olur. (çev.)

5   Ahmed, Tirmizi ve İbn Mace Muaviye ibn Hayde'den rivayet etmişlerdir. Elbani 'Sahihu'l-Cami'de hadisin sahih olduğunu söyler (2301).

6   Ahmed ve Tirmizi Enes'ten rivayet etmişler, Elbani 'Sahihu'l-Cami'de hadisin sahih olduğunu söylemiştir (5854).

7   Ebu Davud, Taberani (el-Kebir'de) ve Hakim Ebe Musa'dan rivayet etmişlerdir. Bkz: Sahihu'l-Cami: 1396.

kılar. Bir ümmeti helak etmek isteyince de, nebileri daha hayatta iken onlara azab eder ve onun gözleri önünde onları helak eder ki, kendisini yalanladıkları ve emrine karşı çıktıkları için, onların helakıyla o nebinin gözünü aydın etsin." [8]

Allah'ın bu ümmete nasip olan rahmetleri bunun da ötesindedir ve başka bir ümmete nasip olmamış rahmetlerdir.

"Allah, onunla amel etmedikleri ya da onu dile getirmedikleri sürece, ümmetimin kalbine gelen vesveseleri ve kendilerine ikrah altında yaptırılan şeyleri bağışlamıştır." [9]

"Allah'u Teâlâ ümmetimi sapıklık üzere birleşmekten korumuştur." [10]

"Allah'u Teâlâ bu ümmete her yüzyılın başında, dinlerini yenileyecek birini gönderir." [11]

"Üç özellikle diğer insanlardan üstün kılındık: Saflarımız meleklerin safları gibi kılındı, tüm yeryüzü bize mescit kılındı, Bakara suresinin sonundaki şu âyetler bana Arş'ın altındaki hazineden verildi. Bunlar benden önce bir başka nebiye verilmemiştir." [12]

"Ganimetler sizden önce hiçbir insanoğluna helal kılınmadı. Eskiden onlar toplanır ve gökten üzerlerine bir ateş inerek onları yok ederdi." [13]

---

8 Müslim Ebû Musa'dan tahric etmiştir. Bkz: Sahihu'l-Cami: 1729.
9 İbn Mace ve Beyhaki Ebû Hureyre'den rivayet etmişler, Elbani ise hadisin sahih olduğunu belirtmiştir. Bkz: Sahihu'l-Cami: 1729.
10 İbn Ebi Âsım Enes'ten rivayet etmiştir. Elbani ise hasen olduğunu söylemiştir. Bkz: Sahihu'l-Cami: 1786
11 Ebu Davud, Beyhaki el-Marife'de Ebû Hureyre'den rivayet etmişlerdir. Elbani sahih olduğunu söyler. Bkz: age: 1874.
12 Müslim, Ahmed ve Nesai Huzeyfe'den rivayet ederler. Bkz: Sahihu'l-Cami: 4223.
13 Tirmizi Ebû Hureyre'den rivayet etmiştir. Elbani hadisin sahih olduğunu söyler. Bkz: age: 5196.

Bu mübarek ümmetin ömürlerinin kısalığından dolayı Hâlık celle celaluhu ecirlerini, diğer ümmetlerin ecirlerini katlayarak vermiştir.

"Diğer ümmetlere nazaran sizin varlık süreniz, ikindi namazı ile akşam güneşin batımı arasındaki süre gibidir. Sizin Yahudiler ve Hristiyanlara göre durumunuz ise şöyledir: Kendisine işçiler tutan bir adam düşünün. O önce 'Hanginiz sabah güneşin doğumundan gündüzün ortasına kadar bir kırata çalışır?' diye sorduğunda Yahudiler bunu kabul ederek çalışırlar. Adam 'Kim gündüzün ortasından ikindiye bir kırata kadar çalışır?' diye sorunca, bu kez Hristiyanlar kabul edip çalışırlar. Sonra 'Kim ikindiden güneş batıncaya kadar iki kırata çalışır' diye sorunca bunu kabul edip çalışanlar da sizsiniz.

Yahudilerle Hristiyanlar buna kızarlar ve '(Rabbimiz) Neden biz daha çok çalışıp da daha az ücret alıyoruz?' diye sorarlar. Bunun üzerine (Rab Teala), 'Ben sizin hakkınızı vermeyerek zulmettim mi?' diye sorar. Onlar 'Hayır' deyince, 'Bu benim ihsanımdır, onu dilediğime veririm.' der." [14]

"Müslümanların Yahudiler ve Hristiyanlarla olan misali şuna benzer: Bir adam kendisi için geceye kadar ücret karşılığı çalışmaları için bir grup insanı tutar. Onlar ise gün ortasına kadar çalıştıktan sonra şöyle derler: 'Bize vermeyi vaat ettiğin ücretine bizim ihtiyacımız yok, şu ana kadar çalıştığımızın karşılığını da istemiyoruz.' O ise onlara 'Yapmayın, geriye kalan işi tamamlayın ve ücretinizi de tam olarak alın' dese de dinlemez ve bırakıp giderler. Adam da bunun ardından kendisine başka işçiler tutar ve şöyle der: 'Günün geriye kalanında çalışın, onlar için belirlediğim ücret sizin olsun.' Onlar da ikindi

---

14 Buhârî, Ahmed, Malik ve Tirmizi İbn Ömer'den rivayet ederler. Bkz: Sahihu'l-Cami: 2315.

vaktine kadar çalışırlar ve derler ki: 'Çalıştığımız senin olsun, bize vereceğin ücret de sende kalsın.' Adam onlara 'Geriye kalan işi tamamlayın, günün bitmesine çok az kaldı' der, ama onlar dinlemeyip giderler. Adam da günün geriye kalan kısmında çalışmaları için başka bir grup işçi tutar. Onlar da günün geriye kalan vaktinde, güneş batana kadar çalışır ve her iki grup işçinin ücretini alırlar. Onlarla bu nuru (İslâm'ı) kabul edenin örneği işte budur." [15]

Ahir zamanda İsa (aleyhisselam) yeryüzüne tekrar indiğinde, Nebi'nin (sallallâhu aleyhi ve sellem) ümmetinden birinin arkasında namaz kılar. Bu da bu mübarek ümmeti bir tür onurlandırmadır.

Nitekim Rasûlullah (sallallâhu aleyhi ve sellem) şöyle der: *"İsa ibn Meryem'in, arkasında namaz kılacağı kimse bizdendir."* [16]

Nebi (sallallâhu aleyhi ve sellem) ümmetini ve onların kıyamet günündeki durumlarını, hesaplarının nasıl olacağını vasfetmiş ve onların cennet ehlinin en çoğu olacaklarını belirtmiştir:

"Ümmetim kıyamet günü çağrılır ve üzerilerindeki abdest izlerinden dolayı pırıl pırıl parlar bir halde gelirler." [17]

"Bizler ümmetlerin en sonuncusu ama hesaba ilk çekilecek olanlarız. Denir ki: 'Nerede ümmi olan ümmet ve onların Nebisi?' Bizler hem sonuncular hem de ilkleriz." [18]

"Ümmetimden yetmiş bin ya da yedi yüz bin kişi cennete girer. Birbirlerine yapışmış ve el ele tutuşmuş haldedirler; son-

15 Buhârî Ebû Musa'dan rivayet eder. Bkz: Sahihu'l-Cami, 2852.
16 Ebu Nuaym "el-Mehdi" adlı kitabında Ebû Said'den rivayet eder. Elbani Sahih olduğunu söyler. Bkz: age: 6749.
17 Buhârî ve Müslim Ebû Hureyre'den rivayet etmişlerdir.
18 İbn Mace İbn Abbas'tan rivayet eder. Elbani sahih olduğunu söyler. Bkz: age: 6749.

dakiler girmeden baştakiler girmezler. Yüzleri ayın dolunay gecesindeki hali gibidir." [19]

"Ümmetimden yetmiş bin kişinin cennete hesapsız girmesi bana nasip edildi. Yüzleri ayın dolunay gecesindeki hali gibi, kalpleri tek bir kalp gibidir. Rabbimden bana bunu artırmasını istedim, O da her bir kişi için yetmiş bin daha artırdı." [20]

Bir başka rivayette ise şöyledir: *"Rabbim bana ümmetimden yetmiş bin kişinin hesapsız ve hiçbir azaba uğramadan cennete gireceklerini vaat etti. Her binin yanında yetmiş bin daha ve Rabbimin avucuyla üç avuç* [21] *daha girer."* [22]

"Diğer ümmetlere mensup insanların kimi cehennemdedir kimi cennette. Benim ümmetimin ise tamamı cennettedir." [23]

Yani tevhid üzere ölen herkesin, -Mutezile'nin inandığının aksine- büyük günah sahibi olsa bile sonunda varacağı yer cennettir. Mutezile ise büyük günah sahibinin cehennemde ebedi kalacağını savunur. Nebi (sallallahu aleyhi ve selem) bu nedenle "benim ümmetim" demiştir. Zira bilindiği gibi müşrik ya da mürted olan onun ümmetinden değildir.

"Cennet ehli yüz yirmi saftır. Bunun seksen safını bu ümmet, geriye kalan kırk safını diğer ümmetler oluşturur." [24]

---

19 Buhârî ve Müslim Sehl ibn Sad'dan rivayet ederler.
20 Ahmed Ebû Bekir'den rivayet eder. Elbani sahih olduğunu söyler. Bkz: age: 1057.
21 Tirmizi şerhinde burada geçen "hasiyye" kelimesi "insanın iki avucuyla, ölçmeden ve tartmadan, bir kerede verdiği şey" olarak açıklanır. İfade "Kıyamet günü gökler onun sağ elinde dürülüdür" âyeti gibidir. Bkz: es-Sindî, Şerhu Suneni İbn Mace, hd.no: 4276 (çev.)
22 Ahmed, Tirmizi, İbn Hıbban Ebû Umame'den rivayet ederler. Elbani sahih olduğunu söyler. Bkz: age: 7111.
23 Hatîb el-Bağdadi İbn Ömer'den rivayet eder. Elbani sahih olduğunu söyler. Bkz: age: 5693.
24 Ahmed, Tirmizi, İbn Mace Bureyde'den rivayet etmişlerdir. Elbani sahih olduğunu söyler: bkz: age:2526.

Keşke bizler de sahâbe kadar İslâm nimetinin değerinin farkında olmuş olsak. Onlar bu değeri bildiler ve tüm dünyaya sahip oldukları gibi, Allah onları tüm yeryüzünde aziz de kıldı.

Hâlık celle celaluhu bizi bu nimeti fark etmeye ve onda sabit kalıp o nimet üzere ölmeye çağırıyor: *"Ey iman edenler, Allah'tan hakkıyla korkun ve ancak müslüman olarak can verin."* (Âl-i İmran: 102)

Nesiller boyunca sahip olduk dünyaya,

Boyun eğdirdik ona, hep yüce kalacaklar olarak.

Nurdan sayfalar yazdık tarihe,

Ne, zaman unuttu geçmişi, ne de biz...

Bizi ezmek isteyen olursa tuğyanla,

Biz onun alnını ezerdik;

Hidayetle dolup taşardı kalplerimiz,

Göz yummazdık zulme hiçbir zaman.

Yeryüzünde öyle bir mülk kurduk ki,

Desteği gayretli gençlerdi,

Öyle gençler ki, yüceye giden yolları çiğnediler

İslâm'dan başka bir din bilmediler.

O din onları yetiştirdi hoş bir bitki gibi,

Böylece hoş bir hayat sürdüler dünyada.

Savaşta yiğitlerdi onlar,

Sığınaklar, kaleler duramazdı önlerinde.

Gece çöktüğünde göremezdin onları

Rablerine secde hali dışında...

İşte İslâm böyle bir topluluk çıkardı,

Muhlis, özgür ve güvenilir gençlerden,

Ve ona öğretti şeref nasıl elde edilir,

Tutsaklıktan ve alçaklıktan nasıl uzak durulur.

İşte zaman böyle ilerledi

Şerefli bir topluluk daha geldi geçti

Ve görülmez oldu ortalıkta kavmim

İçlerinden nice önderler gelip geçtikten sonra.

Bana ve her özgüre acı verir oldu

Zamanın "Müslümanlar nerede?" sorusu...

Acaba geçmiş geri gelir mi?

Hasretten içinde eriyeyim diye...

Bana yalancı ümitlerden bahsetmesin kimse

Ben onları hayallerden ibaret görüyorum.

Bana imandan bir nur getirin

Ve iki yanımdan beni yakinle destekleyin

Ellerimi uzatayım ve dağları yerinden sökeyim

Sonra şerefi oturtayım yerine.[25]

Bize ihsan ettiği İslâm nimeti için Allah'a hamdolsun.

---

25 Dîvanu Haşim er-Rufai, Salâhu'l-Ümmet'ten naklen: 3/497-498.

OSMAN İBN AFFAN

(RADIYALLÂHU ANH)

"Meleklerin kendisinden hayâ ettiği birisinden ben nasıl hayâ etmem?"

Hz. Muhammed (sallallâhu aleyhi ve sellem)

Bu değerli sahâbîden bahsetmeye işte bu sözle başlıyoruz. O tüm çağlar boyunca az bulunur insanlardan birisiydi. O Rahman'ın meleklerinin kendisinden haya ettikleri kişiydi!!

O iki nur sahibi Osman ibn Affan'dı (radıyallâhu anh). Onun hayatından bahsetmek istediğimizde satırların arasındaki hayâ, tevazu, cömertlik, kerem ve haşyet rüzgarını hissetmememiz mümkün değildir.

Doğru olan Osman'ın (radıyallâhu anh) fil yılından altı sene sonra dünyaya geldiğidir. Kendisi orta boylu, güzel yüzlü, ince derili, büyük sakallı ve geniş omuzlu bir insandı.[26]

Ali'ye (radıyallâhu anh) "Bize Osman'dan bahset" dendiğinde şöyle demiştir: "O Melei Ala'da 'iki nur sahibi' diye anılan insandır."

Osman (radıyallâhu anh) cahiliye döneminde kavmi içindeki insanların en faziletlilerindendi. Toplumda önemli bir ko-

---

26   İbn Hacer, el-İsabe, 4/377.

numu vardı, zengindi, mütevazıydi, son derece hayâlıydı ve güzel konuşurdu. Kavmi onu çok sever ve sayardı. Cahiliye döneminde puta tapmamış, çirkin bir davranışta bulunmamış ve hiç kimseye zulmetmemiştir.

O da her erdemli kişi gibi ülkeyi kuşatmış olan bu cahiliyeden insanları çıkarıp kurtuluş sahiline bırakacak bir el bekliyordu.

Çok geçmeden Nebi (sallallâhu aleyhi ve sellem) Peygamber olarak gönderildi ve Osman, Nebi (sallallâhu aleyhi ve sellem) Daru'l-Erkam'a girmeden bu dini seçen ilk Müslümanlar arasına katıldı.

Onun Müslüman oluş hikâyesi çeşitli kişiler tarafından rivayet edilmiştir.

Osman (radıyallâhu anh) Cahiliye döneminde Muhammed'in kızı Rukayye'yi amcasının oğlu Utbe ibn Ebi Leheb'le evlendirdiğini duyduğunda elini çabuk tutmadığı ve şerefli bir aileye mensup bu üstün ahlaklı insanı kaçırdığı için çok pişman olmuştu. Bu üzüntüyle ailesinin yanına geldiğinde orada bulunan teyzesi Su'da binti Kurayz, bu hikmetli, akıllı ve yaşlı kadın onu görünce pek sevinmişti. Bu kadın o gün ona putlara ibadeti kabul etmeyen ve tek Allah'a ibadete çağıran bir Nebi'nin varlığını müjdeleyerek onu bu nebinin dinine girmeye teşvik etti ve kendisine aradığını onun yanında bulacağı müjdesini verdi.

Osman şöyle der: Teyzemin söylediklerini düşünerek dışarı çıktım. Yolda Ebû Bekir'le karşılaştım ve ona teyzemin söylediklerinden bahsettim. O da bana "Vallahi teyzenin sana haber verdiği ve müjdelediği şey doğrudur ey Osman" dedi ve sözlerine şöyle devam etti: "Sen akıllı, hikmet sahibi bir adamsın, hakkı gördüğünde tanırsın ve onu batılla karıştırmazsın." Ardından şöyle dedi: "Kavmimizin ibadet ettikleri şu putlar da ne oluyor?! Bunlar işitmeyen ve görmeyen taşlardan başka nedirler ki?" Ben de "Evet, aynen öyle" diye cevapladım.

Ebu Bekir "Teyzenin söyledikleri gerçekleşti ey Osman, Allah beklenen Rasûlünü tüm insanlara hidayet ve hak olan dini ulaştırması için gönderdi" dedi.

Ben "Kim bu kişi?" diye sorunca "O Muhammed ibn Abdullah ibn Abdulmuttalibdir" diye karşılık verdi.

Ben "Yani sadık ve güvenilir Muhammed?" deyince "Evet, ta kendisi" diye cevapladı.

Bunun üzerine ben "Benimle onun yanına gelir misin?" diye sordum. O da "Tabi ki" dedi ve birlikte Nebi'nin (sallallâhu aleyhi ve sellem) yanına gitmek üzere yürüdük.

Nebi (sallallâhu aleyhı ve sellem) beni görünce, *"Ey Osman, Allah'ın davetçisinin çağrısını kabul et; ben Allah'ın özel anlamda size, genel anlamda ise tüm insanlara gönderilmiş elçisiyim..."* dedi.

Osman şöyle dıyor: "Vallahi, sözlerini dinlemiş ve etkilenmiştim. Söylediklerine kalbim yattı ve onun risaletini tasdikleyerek, Allah'tan başka ilah olmadığına, Muhammed'in de onun kulu ve elçisi olduğuna şahitlik ettim."

O güne kadar Rasûl'e (sallallâhu aleyhi ve sellem) kendi kavmi olan Beni Haşim'den hiç kimse iman etmemişti ve yine onlar içerisinden amcası Ebû Leheb dışında kimse de ona düşmanlık ilan etmemişti.[27] O ve karısı Ümmü Cemil Kureyş

---

27 Ebu Leheb: Abduluzza ibn Abdulmuttalib. Bedir Gazvesi'nden sonra küfür üzere ölmüştür.

içerisinden Rasûlullah'a karşı en katı davranan ve en şiddetli eziyetleri veren kimselerdi... Allah o ve karısı hakkında *"Ebu Leheb elleri boş, hüsran üzere kalsın, kaldı da. Ona ne malı, ne de kazancı fayda sağladı. O alevli bir ateşe girer, karısı da boynunda ağaç lifinden bir iple odun taşır."* (el-Mesed)

Ebu Leheb'in Rasûlullah'a karşı olan hasedi gitgide artmakta, onun ve karısı Ümmü Cemil'in ona ve Müslümanlara karşı kinleri büyümekteydi. Ebû Leheb oğlu Utbe'ye karısı Rukayye binti Muhammed'i boşamasını söyledi. O da ona kahredip karısını boşadı.

Osman ibn Affan (radıyallâhu anh) Rukayye'nin boşandığı haberini duyduğunda sevinçten uçacaktı. Hiç zaman kaybetmeden Rasûlullah'a gidip onunla evlenmek istediğini söyledi. Rasûlullah da kızını onunla evlendirdi.

Rukayye'yi eşine annesi Hatice binti Huveylid takdim etti. Osman Kureyş'in en güzel yüzlü gençlerindendi ve Rukayye'nin çehresi de ona benzemekteydi.[28]

Abdurrahman ibn Osman el-Kuraşi şöyle anlatmakta: Bir gün Rasûlullah kızının yanına girdiğinde Osman'ın başını yıkıyor olduğunu görür ve ona "Kızım, Ebû Abdullah'a iyilikte bulun; çünkü o ashabın içerisinden ahlakı bana en çok benzeyendir" der.[29]

Allah'a Kaçış ve Habeşistan'a Hicret

Onun kavmi içerisindeki konumuna ve onların kendisine olan muhabbetlerine rağmen, o Müslüman olduğunu açıklar

---

28 Suverun min Hayati's-Sahâbe, s: 558-561.
29 Heysemi şöyle der: Taberi rivayet etmiştir, ricali sikadır: el-Mecme', 14500.

açıklamaz ve imanla yücelir yücelmez kendisine eziyet etme-ye başladılar. Onun şirke geri döneceğinden ümit kesince de onu bıraktılar ve eşi Rukayye (radıyallâhu anhâ) ile birlikte Habeşistan'a hicret etti.

Orada Rasûlullah'a (sallallâhu aleyhi ve sellem) olan hasret-leri git gide artınca Osman ve eşi onun yanına geri döndüler ve Allah'u Teâlâ Rasûlü'ne onun ashabına Medine'ye hicret etmeleri için izin verene kadar onunla kaldılar. Osman ve eşi Muhacirler arasındadırlar ve iki kez hicret etmişlerdir.

Allah Yolunda Cihadı ve İki Nur Sahibi Olarak Adlandırılması

Osman (radıyallâhu anh) Rasûlullah (sallallâhu aleyhi ve sellem) ile birlikte Bedir Savaşı dışındaki tüm savaşlara katılmıştır. Rasûlullah Bedir Savaşı için çıkarken onu o esnada hasta olan ve yanında kendisine bakacak kimse olmayan kızı Rukayye'ye bakması için bırakmıştı. Rasûlullah (sallallâhu aleyhi ve sellem) savaştan dönünce kızının vefatını öğrendi ve çok üzüldü. Osman'ı teselli etti ve ona ganimetten payını verdi. Böylece o Bedir'de bulunmuş gibi kabul edildi. Sonra da onu ikinci kızı Ümmü Kulsûm ile evlendirdi. Böylece o, Rasûlullah'ın iki kızıyla evlendiği için "iki nur sahibi" olarak adlandırıldı.[30]

Alimler "Bir Peygamberin iki kızıyla evlenen başka biri bulunmamaktadır. Bu nedenle o 'iki nur sahibi' diye adlan-dırılmıştır. Kendisi ayrıca cennetle müjdelenen on kişiden ve Kur'an'ın tamamını bilen sahâbîlerden birisidir" diye belirtir-ler.

---

30 Sıfatu's-Safve, 1/119.

Zorluk Ordusunu Teçhizdeki Rolü

Tebuk Gazvesi zamanı gelmişti ve insanlar çok büyük bir zorlukla karşı karşıyaydılar. Meyveler olgunlaşmış, gölgeler hoş hale gelmişti. İnsanlar yerlerinde kalmak istiyorlar ve savaş için çıkmak hiç çekici gelmiyordu.

Rasûlullah müslümanları cihada teşvik etti ve onlara tasaddukta bulunmalarını emretti. Onlar da yüklü miktarda sadaka vermeye başladılar. Ebû Bekr malının tamamı olan dört bin dirhemi getirerek bunu yapan ilk kişi oldu. Rasûlullah kendisine "Ailene bir şey bıraktın mı?" diye sorduğunda "Allah ve onun Rasûlü'nü bıraktım" diye cevap verdi. Ömer malının yarısını getirdi. Abbas ibn Abdulmuttalib ve Talha bin Ubeydullah (radıyallâhu anhum) da Rasûlullah'a mallarından getirdiler. Abdurrahman ibn Avf iki yüz ukiyye getirdi. Sa'd ibn Ubade, Muhammed ibn Mesleme tasaddukta bulundular. Âsım ibn Udey doksan vesk hurma getirdi. Aynı şekilde kadınlar da güçlerinin yettiğince yardımda bulundular.

Ümmü Sinan el-Esediyye (radıyallâhu anhâ) şöyle der: "Âişe'nin evinde Rasûlullah'ın önünde yere serili bir elbisenin üzerinde bilezikler, pazılıklar, halhallar, küpeler ve yüzükler gördüm. Serginin üzeri kadınların müslümanların techizine yardım olarak gönderdikleri şeylerle doluydu."

Ebu Akîl'in davranışı ne kadar hoştu; kendisi utana sıkıla bir ölçü hurma getirdi ve "Vallahi iki ölçü hurma için bütün geceyi su çekerek geçirdim! Bunun dışında bir şeyim yoktu. Bir ölçüsünü buraya getirdim, bir ölçüsünü de aileme bıraktım." dedi.[31]

İkrime (radıyallâhu anh) şöyle demekte: Rasûlullah (sallallâhu aleyhi ve sellem) (Tebuk Gazvesi zamanı) sadaka vermeye teş-

---

31   İbn Asakir 1/110.

vik etti. Abdurrahman ibn Avf dört bin dirhem getirerek "Ya Rasûlallah, malım sekiz bin dirhem, yarısını sana getirdim yarısını da bıraktım" dedi. Rasûlullah da ona cevaben *"Allah bıraktığını da verdiğini de bereketli kılsın."* dedi.

Abdurrahman ibn Semura (radıyallâhu anh) şöyle rivayet etmekte: Zorluk ordusunun teçhizi esnasında Osman ibn Affan Nebi'ye elbisesinin yeni içinde bin dinar getirdi ve bunu onun kucağına bıraktı. Rasûlullah bunu kucağında bir taraftan alt üst ederken bir taraftan da, *"Osman'a artık bugünden sonra yaptıkları bir zarar vermez..."* diye tekrarlıyordu.[32]

Evinde kuşatıldığı gün evinin damına çıkıp oradakilere yukarıdan seslenmiş ve şöyle demiştir: "Allah için söyleyin, Rasûlullah'ın zorluk ordusu için 'Kim bu orduya makbul bir infakta bulunmak ister?' dediğinde insanlar sıkıntı içerisindeyken benim bu orduyu donattığımı biliyorsunuz değil mi?" onlar "Evet..." dediler.[33]

Ahnef ibn Kays'ın (radıyallâhu anh) rivayetinde şöyledir: "Kendisinden başka ilah olmayan Allah için söyleyin, Rasûlullah'ın insanların yüzlerine bakıp "Kim bu insanları –yani zorluk ordusunu– teçhiz ederse Allah onu bağışlar" dediğini ve benim ne bir deve bağı ne de yuları bırakmaksızın o orduyu donattığımı biliyorsunuz değil mi?" Onlar "Tabi ki evet" deyince, Osman "Allah'ım şahit ol." dedi.[34]

---

32 Tirmizi; Ahmed; İbn Ebi Asım, es-Sunne; Hakim tahric edip sahih olduğunu söylemiş, Zehebi de onu onaylamıştır; Beyhaki, ed-Delail; İbn Asakir, Tarihu Dımeşk.

33 İbn Ebi Âsım'ın es-Sünne'de, İbn Asakir'in Tarihi'nde tahric ettikleri sahih li ğayrihi olan hadisin bir bölümü.

34 İbn Ebi Şeybe'nin Musannafı'nda (7/486) tahric ettiği, İbn Hıbban'ın (6881) ve İbn Ebi Âsım'ın es-Sünne'de (1303) rivayet ettikleri Hasen li Ğayrihi hadisin bir bölümü.

Osman (radıyallâhu anh) hâlâ Rasûlullah'ın (sallallâhu aleyhi ve sellem) *"Bu insanları kim donatırsa Allah onu bağışlar"* seslenişini duyar gibiydi. O bu sesleniş üzerine Allah'ın mağfiretine ve rızasına koşmuştu ve bu orduyu en küçük ihtiyacına kadar donatmıştı.

İbn Şihab ez-Zühri şöyle der: Osman Tebuk Gazvesine çıkacak olan zorluk ordusunu dokuz yüz kırk deve ve altmış atla donatmış ve böylece sayı bine tamamlanmıştı.

Huzeyfe (radıyallâhu anh) şöyle der: Zorluk ordusu hazırlanırken Osman Rasûlullah'a on bin dinar getirdi ve bunu onun önüne döktü. Rasûlullah onları eliyle karıştırırken *"Allah senin gizli ve açık günahlarını ve kıyamete kadar işleyecek olduklarını bağışlasın ey Osman"* diyordu.

Abdurrahman ibn Avf (radıyallâhu anh) ise şöyle der: Zorluk ordusunun hazırlandığı esnada Osman ibn Affan'ın Rasûlullah'a yedi yüz ukiyye altın getirdiğini gördüm.

O yeni bir ümmeti ve yeni bir dini tek başına finans eden birisi gibiydi.[35]

Allah mü'minleri başarılı kılıp da Rumları geri çevirince, ordu Osman'ın sağladığı tüm malzemelerle birlikte geri döndü, fakat Osman bunlardan hiçbir şeyi geri almadı ne bir deveyi ne de bir yuları.

Allah, malını ve rahat dünyasını bırakıp meleklerin bile kendisinden hayâ ettikleri bir insan olarak Allah'a hicret eden Osman'dan razı olsun. Evet, salih mal salih insanın elindeki maldır. Görüldüğü gibi Osman nicelerini gölgelendirmiştir ve Allah katında onun için nice gölgeler vardır.

---

35 Halid Muhammed Halid, Hulafau'r-Rasûl, s: 241. Daru'l-Celil.

Rasûlullah (sallallâhu aleyhi ve sellem) şöyle demekte: *"Sada-kaların en üstünü ya Allah azze ve celle yolunda verilen çadır-dır yahut Allah yolunda hizmet edene bağışta bulunmaktır ya da Allah yolunda bir hayvan bağışlamaktır."* [36]

Hz. Osman'ın (radıyallâhu anh) Rûme Kuyusunu Açması

Müslümanlar tatlı su bulamıyorlardı ve buna şiddetle ih-tiyaç duymaktaydılar. Rasûlullah (sallallâhu aleyhi ve sellem) as-habına karlı bir teklifte *bulunarak "Kim Rûme'yi açarsa ona cennet var" dedi.* [37] [38]

Osman (radıyallâhu anh) hayırda yarışarak bu kuyuyu açtı ve onun suyundan her içen ve her abdest alanın sevabını al-mayı başardı.

Her Cuma Bir Köle Azat Etmesi ve Bir Esiri Özgürlüğüne Kavuşturması

Onun (radıyallâhu anh) Allah yolunda harcadığı çaba, zor-luk ordusunu donatmaktan veya Rûme kuyusunu açmaktan ibaret değildi elbette. O her zaman sıkıntılı anlarında Müslü-manları teselli eder, imtihanlarında onlara destek olur, fakirlik ve ihtiyaç anlarında kendilerine yardım ederdi.

---

36 Ahmed ve Tirmizi Ebû Umame'den rivayet ederler. Elbani hasen oldu-
ğunu söylemiştir: Sahihu'l-Cami, 1109.

37 Rivayetler arasında meşhur olanı Osman'ın onu açtığı değil, satın al-
dığıdır. Bu nedenle İbn Battal "Onu açtı" diyenlerin bu düşüncelerini
vehim olarak kabul etmiş ve "Bu konuda bilinen Osman'ın onu satın
aldığıdır" demiştir. İbn Hacer onun bu sözünü Fethu'l-Bari'de nakle-
der ve ardından şöyle der: "Muhtemelen kaynak bir kuyuya doğru akı-
yordu ve o da kaynağı içine alacak şekilde burayı genişletti, bundan
dolayı da oranın açılması ona nispet edildi." Fethu'l-Bari, 5/408.

38 Buhârî muallak olarak tahric eder, 2778. Şahitlerden dolayı sahihtir.

Osman (radıyallâhu anh) hayatı boyunca hiç terk etmediği bir şey vardır ki, o da her Cuma bir köle azat etmesi ve bir esiri serbest bırakmasıdır. O köleyi sahibinden herhangi bir fiyata satın alır sonra da yüce Rabbinin rızasını kazanma arzusuyla ona özgürlüğünü bağışlardı.[39]

Rasûlullah'ın Onu Şehadetle ve Cennetle Müjdelemesi

İşte yalnızca doğruyu söyleyen ve hevasından hiçbir şey söylemeyen Rasûlullah'ın (sallallâhu aleyhi ve sellem) ona verdiği şehadet müjdesi:

Ebu Hureyre'den (radıyallâhu anh): Rasûlullah, Ebû Bekir, Ömer, Osman, Ali, Talha ve Zübeyr Hira'da iken altlarındaki kaya hareket eder. Bunun üzerine Rasûlullah (sallallâhu aleyhi ve sellem) *"Sakin ol, senin üzerinde bir nebi, bir sıddık ve bir şehit var."* [40]

Ebu Musa'dan (radıyallâhu anh): Nebi (sallallâhu aleyhi ve sellem) bir bahçeye girdi ve bana bahçenin kapısını beklememi emretti. Biraz sonra birisi geldi ve girmek için izin istedi. Rasûlullah *"Ona izin ver ve ona cennete gireceğini müjdele"* dedi. Bu kişi Ebû Bekir'di. Ardından bir kişi daha geldi ve girmek için izin istedi. Rasûlullah *"Ona izin ver ve kendisine cennete gireceğini müjdele"* dedi. Bu kişi de Ömer'di. Onun arkasından bir kişi daha geldi ve girmek için izin istedi. Rasûlullah bir an sustuktan *sonra "Ona izin ver ve başına gelecek bir musibet nedeniyle cennete gireceğini müjdele"* dedi. Bu kişi ise Osman ibn Affan'dı.[41]

---

39   Halid Muhammed Halid, Hulefau'r-Rasûl, s: 245.
40   Müslim, 2417; Tirmizi, 3696; Ahmed, 2/419.
41   Buhârî, 3695; Müslim, 2403; Tirmizi, 3710.

O; Allah'tan Hayâ Etti Melekler de Ondan Hayâ Ettiler

Bu öyle bir menkıbedir ki, içindekilerle birlikte tüm dünya onunla ölçülmez.

Âişe (radıyallâhu anhâ) şöyle anlatıyor: "Rasûlullah (sallallâhu aleyhi ve sellem) baldırları yahut bacakları açık biçimde evimde uzanmış yatıyordu. Ebû Bekir girmek için izin istediğinde kendisi bu haldeyken ona girmesi için izin verdi ve onunla bir süre konuştuktan sonra Ömer gelerek o da girmek için izin istedi. Aynı haldeyken ona da girmesi için izin verdi ve onunla da bir süre konuştu. Sonra Osman gelerek izin isteyince Rasûlullah kalkıp oturdu ve elbisesini düzeltti. Sonra Osman içeri girdi ve onunla da konuştu."

Osman çıkınca Âişe "Ya Rasûlallah, görüyorum ki, Ebû Bekir yanına girdi, onu karşılamadın ve umursamadın, Ömer yanına girdi, onu da karşılamadın ve umursamadın; ama Osman girince kalkıp oturdun ve elbiseni düzelttin!" deyince, Rasûlullah *"Meleklerin hayâ ettikleri bir insandan ben hayâ etmeyeyim mi?"* diye karşılık verdi.[42]

Bir başka rivayette Âişe şöyle der: "Ya Rasûlallah, görüyorum ki, Osman'dan çekindiğin gibi Ebû Bekir ve Ömer'den çekinmiyorsun." Rasûlullah şöyle cevap verir: *"Osman hayâlı bir insandır. Ben bu halde iken girmesine izin verirsem bana ihtiyacını söylemez diye korktum."* Yani utanarak ihtiyacını istemeden geri çıkacağından endişe duydum.

Osman (radıyallâhu anh) şöyle demekte: Her kim bir amel işlerse Allah muhakkak onda o amelin gerektirdiği şeyi ortaya çıkarır.

---

42 Müslim, 2401.

El-Munavi ise *şöyle* diyor: Osman'ın makamı hayâ makamıdır. Hayâ ise kendisini gören kimseye olan saygı ve onu tazimden, bunun yanı sıra kendinde eksiklik görmekten kaynaklanır. Osman'da sanki Hak Teala'ya olan saygı galebe çalmakta ve o kendisini noksanlık ve kusur gözüyle görmektedir. Bu ikisi ise mukarrabinden olan Allah'a yakınlaştırılmış kulların özelliğidir. Bu durumu onu bu rütbeye çıkarmış ve Allah'ın bu özel yaratıkları (melekler) ondan hayâ etmişlerdir; aynen Allah'ı seven kimseyi Allah'ın dostlarının da sevmesi, Allah'tan korkan kimseden her şeyin korkması gibi.[43]

Nitekim karşılık amelin cinsindendir.

Rasûlullah (sallallâhu aleyhi ve sellem) buyurmuştur ki, *"Osman ümmetimin en hayâlısıdır."* [44]

Hayâ edebin kaynağıdır.

Vallahi ne yaşamakta ne dünyada

Hayır kalmaz, gidince hayâ

Yaşam hayırdır eğer hayâ varsa

Bir dal kabuğu durdukça kalır hayatta

Bir Rekâtta Tüm Kur'an'ı Okuması

Abdurrahman ibn Osman et-Teymi'den (rahimehullah): Gecenin ilk vakti namaz kıldıktan sonra makama[45] koşup orada namaza durdum. Namazda iken birisi elini sırtıma koydu. Baktığımda Osman ibn Affan (radıyallâhu anh) olduğunu gördüm. Kendisi halifeydi. Ben biraz çekildim ve o, namaza durdu. Tek bir rekatta Kur'an'ı okuyup bitirene kadar kıyamda kaldı ve başka rekat kılmadı.

---

43 El-Munavi, Feydu'l-Kadir, 4/302.
44 Ebu Nuaym, el-Hilye. Elbani sahih olduğunu belirtir: Age: 3872.
45 Kabe yakınındaki makamı İbrahim.

Ben namazı bitirince "Ey Mü'minlerin emiri, sadece bir rekat mı kıldın?" dedim. O da "Evet, bu benim vitrimdi" (yani vitir rekatımdı) diye cevapladı.[46]

Süleyman ibn Yesar (rahimehullah) şöyle der: Osman ibn Affan yatsı namazından sonra namaza durdu ve tek bir rekatta Kur'an'ın tamamını okudu. Bu rekatın ne öncesinde ne de sonrasında başka rekat kıldı.[47]

O Kur'an'ı bir tek rekatta okur ve onunla vitir yapardı.[48]

Abdullah ibn Sirin şöyle der: Öldürüldüğünde Osman'ın karısı "Onu öldürdünüz; o öyle bir insandı ki, tüm geceyi bir rekatta Kur'an'ın tümünü okuyarak ihya ederdi" demiştir.[49]

Hafız ibn Kesir şöyle der: Onun yüce Kur'an'ı hac esnasında Hicr'de tek bir rekatta okuduğu pek çok yoldan rivayet edilmiştir. Bu onun genel tutumuydu. Bundan dolayı İbn Ömer *"...Yoksa gece saatlerinde secdede ve kıyamda Allah'a itaat eden, ahiretten korkan ve Rabbinin rahmetini ümit eden mi (daha hayırlıdır)? De ki: Hiç bilenlerle bilmeyenler bir olur mu? Ancak akıl sahipleri öğüt alırlar."* (ez-Zümer: 9) âyeti hakkında "Bu kişi Osman ibn Affandır" demiştir.

Nevevi et-Tibyan'da şöyle der: Bir gün ve gecede Kur'an'ı hatmedenler arasında Osman ibn Affan, Temim ed-Dari, Said ibn Cübeyr, Mücahid, Şafii ve başkaları vardır.[50]

---

46 Sahihtir. İbnu'l-Mubarek, ez-Zühd, 1276; Abdurrezzak, el-Musannaf, 3/24; İbn Sad, et-Tabakat, 3/75; Beyhaki, Sünenu'l-Kubra.
47 Sahihtir. İbnu'l-Mubarek, İbn Sa'd ve İbn Asakir tahriç etmişlerdir.
48 İsnadı sahihtir. Tahavi; Beyhaki (3/25); İbn Ebi Davud. Şeyh Şuayb Arnaut ve Şeyh Züheyr eş-Şaviş (Tahkiku Şerhi's-Sünne, 4/499) isnadının sahih olduğunu söylerler.
49 Ahmed ibn Hanbel, ez-Zühd, s: 127.
50 S: 55.

Osman (radıyallâhu anh) kendisine abdest almada yardım etsin diye ev halkından kimseyi uyandırmazdı. Ancak uyanık olan varsa ondan yardım alırdı. Günlerce oruç tutardı. Kendisine kızarak "Hizmetçilerden birisini (gece sana yardım etmeleri için) uyandırsan olmaz mı?" diyenlere "Olmaz! Gece onlara ait ve onların dinlenme vakitleri" derdi.

Hasen'den: Osman "Kalplerimiz temiz olmuş olsa Rabbimizin kelamına doymazdık. Ben bir günümün Mushaf'a bakmadan geçmesinden hoşlanmam" derdi. Osman ölür ölmez çok okunmuş olan Mushaf'ı yakıldı.[51]

Kendisi öldürüldüğünde Mushaf kucağındaydı.

Allah'la Yapılan Kârlı Ticaret

İbn Abbas (radıyallâhu anh) şöyle diyor: Ebû Bekir zamanında kuraklık olup insanlar yiyecek sıkıntısı çekmişlerdi. Halife onlara "İnşallah yarın akşam olmadan Allah'ın yardımı gelecek" dedi. Ertesi gün sabah Osman'a ait bir kafile geldi ve tacirler erkenden toplandılar. Osman yanlarına gitti, üzerinde iki ucunu çaprazlama omzuna attığı bir şal vardı. Tacirler ondan kafilesiyle gelenleri kendisine satmasını istediler.

Osman onlara "Bana kâr olarak ne vereceksiniz?" diye sorunca "Ona on iki veririz" diye cevapladılar. Osman "Daha fazlasını veren var" dedi. Tacirler bu kez "Ona on beş verelim" dediler, Osman yine "Daha fazlasını veren var" dedi. Bunun üzerine tacirler "Sana daha fazlasını kim veriyor merak ettik, zira Medine'nin tacirleri biziz" dediler. Osman "Bana daha fazlasını veren Allah'tır; o her dirheme on veriyor, sizde daha fazlası var mı?" deyince tacirler dönüp gittiler. Onlar giderken

---

51   El-Bidaye ve'n-Nihaye: 5/307.

Osman "Allah'ım, kafilenin mallarını Medine'nin fakirlerine karşılıksız ve hesapsız bağışlıyorum" diyerek sesleniyordu.[52]

Onun Raşid Hilafeti

Hilafet Osman'a (radıyallâhu anh) geçtiğinde Allah onun eliyle Ermenistan'ı ve Kafkasya'yı fethettirdi. Böylece müslümanlara zafer vererek onları Horasan'a, Kirman'a, Sicistan'a, Kıbrıs'a ve Afrika'dan azımsanmayacak bir bölgeye hakim kıldı. Onun döneminde insanlar yeryüzünde hiçbir halkın elde etmediği bir zenginliğe kavuştular.

Hasen el-Basri (rahimehullah) onun döneminde insanların elde ettikleri zenginlik, refah ve kendilerini kuşatan afiyet ve itminandan şöyle bahseder:

Osman ibn Affan'ın münadisini duydum "Ey insanlar hak ettiğiniz bağışları almaya gelin" diye sesleniyor, insanlar gidiyorlar ve bol bol alıyorlardı.

"Ey insanlar, maaşlarınızı almaya gelin" diye sesleniyor, insanlar gidiyorlar maaşlarını dolgun biçimde alıyorlardı.

Vallahi şöyle dediğini kulaklarımla duydum: "Gelin kıyafetlerinizi alın." İnsanlar gidip uzun ve geniş kıyafetlerini alıyorlardı.

Ardından "Gelin yağınızı, balınızı alın" diye sesleniyordu.

Bunda şaşacak hiçbir şey yoktu; zira Osman döneminde rızık kesintisiz, hayır bol, insanların arası düzgündü. Yeryüzünde bir başka mü'minden korkan bir mü'min yoktu. Bir müslüman bir diğeriyle güzel geçinir, onu sever ve ona yardım ederdi.[53]

---

52 Halid Muhammed Halid, Hulefau'r-Rasûl, s: 246.
53 Suverun min Hayati's-Sahâbe, s: 568, 569.

Onun Döneminde Kur'an'ın Derlenmesi

Enes ibn Malik (radıyallâhu anh) şöyle diyor: Şam halkı Irak halkıyla birlikte Ermenistan ve Azerbaycan fetihlerinde savaştıkları esnada, kıraat konusunda aralarındaki ihtilafı gören Huzeyfe telaşa kapılarak Osman'ın yanına geldi ve ona, 'Ey mü'minlerin emiri, bu ümmet kitapları konusunda Yahudilerin ve Hristiyanlar'ın düştükleri ihtilafa düşmeden sen gerekeni bir an önce yap' dedi.

Bunun üzerine Osman (Mushaf kendisinde bulunan) (radıyallâhu anh)Hafsa'ya birini göndererek 'Bize Mushaf'ı gönder de onu çoğaltıp sana tekrar iade edelim.' dedi. Hafsa da onu Osman'a gönderdi. O da Zeyd ibn Sabit, Abdullah ibnu'z-Zubeyr, Said ibnu'l-Âs ve Abdurrahman ibnu'l-Haris ibn Hişam'a emretti, mushafı çoğalttılar. Osman Kureyş'ten olan diğer üç kişiye şöyle dedi: 'Siz ve Zeyd ibn Sabit Kur'andan bir şey hakkında ihtilafa düşerseniz, onun Kureyş'in dilindeki kullanımı nasılsa öyle yazın, çünkü Kur'an onların diliyle indi. Onlar da öyle yaptılar. Mushaf'ı nüshalar halinde çoğaltma işlemi bitince Osman onu Hafsa'ya iade etti ve elde ettikleri nüshalardan dört bir yana gönderdiler. Bunun dışındaki tüm Kur'an sayfalarının ve Mushaflarının ise yakılmasını emretti.[54]

Korkusu

Osman (radıyallâhu anh) bir kabrin başında durup sakalı ıslanacak derecede ağlayınca kendisine "Cenneti ve Cehennemi hatırlayınca ağlamıyorsun da kabri hatırlayınca neden ağlıyorsun?" dediler. Şöyle cevap verdi: "Kabir ahiret menzillerinin ilkidir, ondan kurtulan için sonrası daha kolay, ondan kurtulamayan için sonrası daha zordur."

---

54 Buhârî, 4987.

Şöyle der: Rasûlullah'ın şöyle söylediğini duydum: *"Ka-birden daha ürkütücü bir manzara görmedim."* [55]

Abdullah ibnu'r-Rûmi'den: Bana Osman'ın şöyle dediği ulaştı: "Cennet ve Cehennem arasında olup da nereye gide-ceğimin emredileceğini bilmiyor olsam, bunu öğrenmeden önce toprak olmayı dilerdim."

Adaleti

İşte onun adaletine dair parlak bir örnek: Kalbi merha-metle dolu olan ve içinde taşıdığı bu merhamet tüm davranış-larına yansıyan Osman bir gün bir hizmetçisine kızarak onun kulağını çekip canını yakar. Ama hemen onu geri çağırarak kendisine kısas yapıp kulağını çekmesini emreder. Hizmet-çi bunu yapmak istemeyince kararlı bir ifadeyle emrederek "Hadi ey çocuk, dünyadaki kısas ahirettekinden daha merha-metlidir" der.

Onun Yakın Uzak Herkese Hadleri Uygulaması

Onun hilafeti esnasındaki önemli uygulamalardan birisi de Allah'ın hadlerinin yerine getirilmesidir.

Onun anne bir kardeşi olarak kendisine en yakın kişiler-den birisi olan Ukbe ibn Velid kendisine had uyguladığı kişi-lerden birisidir. Bu konuda Osman'ı ne şefkat ne de merhamet alıkoymuştur.

Hafız İbn Hacer Fethu'l-Bari'de şöyle der: Osman ona had uygulamayı sadece hakkında şahitlik yapan kişinin duru-mu açıklık kazansın diye ertelemiştir. Kendisi için durum açık-lık kazanınca haddin uygulanmasını emretmiştir.[56]

---

55 Tirmizi; İbn Mace. Elbani Sahihu ibn Mace'de hasen olduğunu belirtir: 3461.
56 7/56.

Hanin ibn Munzir şöyle der: Velid sabah namazını iki rekat kıldırdıktan sonra "Daha kıldırayım mı?" diye sorduğu iddiasıyla Osman'ın karşısına çıkarıldı. İki kişi onun hakkında şahitlik ederek bir tanesi (Hurman) onun içki içtiğini söyledi, diğeri de onu kusarken gördüğünü söyledi. Bunun üzerine Osman "Onu içti ki kustu" dedikten sonra Ali'ye dönerek "Ey Ali, kalk ve ona sopa vur" dedi. Ali de Hasen'e dönerek "Ey Hasen, kalk ve ona sopa vur" dedi. Hasen "Onu kim göreve getirdiyse cezasını da o uygulasın" dedi –sanki ona kızmış gibiydi-

Bu kez Abdullah ibn Cafer'e dönerek "Kalk ona sopa vur" demiş, sopa kırka ulaşınca "Dur, Nebi ve Ebû Bekir kırk sopa vurmuşlar, Ömer ise seksen sopa vurmuştur. Kırk olması bana göre daha iyidir" demiştir.[57]

Bir başka rivayette "Hepsi de sünnettir" dediği geçer.

Mü'minlerin Osman'ı Savunma Konusundaki Tutumları

İki nur sahib Osman'dan intikam almaya kalkışanlara şaşmamak elde değil!! Bu kimseler ondan adaleti sebebiyle mi intikam almak istiyorlardı, cömertliği sebebiyle mi, merhameti sebebiyle mi, imanı sebebiyle mi, yoksa cennetle müjdelenen on sahâbeden biri olması sebebiyle mi?!

Hasen el-Basri şöyle demekte: Osman'dan intikam aldıkları şeyleri ben gördüm. Onun döneminde insanların mal paylaşmadıkları çok az gün vardı. Kendilerine "Ey Müslümanlar, bağışlarınızı almaya gelin" denilir, onlar da bundan bol bol alırlardı. "Maaşlarınızı almaya gelin" denilir, bundan da bol bol alırlardı. Sonra da tereyağ ve bal almak için çağırılırlardı.

---

57   Müslim, Ahmed; İbn Şebe

Bağışlar devam etmekteydi, maaşlar düzenli verilmekteydi, düşman etkisiz haldeydi, insanlar birbirleriyle güzel geçinmekteydi ve hayır boldu. Bir mü'minin diğer bir mü'minden korkusu yoktu, kim olursa olsun karşılaştığı herkes onun kardeşiydi; ona yakınlık duyar, nasihat eder ve sevgi gösterirdi.

Onlara ileride ayrımcılık görecekleri söylendi ve kendilerine bununla karşılaştıklarında sabretmeleri öğütlendi. Eğer bu durumla karşılaştıklarında sabretselerdi içinde bulundukları rızık ve hayır genişleyecekti. Fakat onlar "Hayır, vallahi buna katlanmayız" dediler. Vallahi bundan sonra da bir daha eski hallerine dönmediler ve selamet bulmadılar.

Bir diğer şey de o günlerde ehli İslâm'a karşı kılıçların kınından çıkmamasıydı. Yeryüzünde hiçbir mü'min başka bir mü'minin kendisine kılıç çekeceğine dair bir endişe duymazdı. Ta ki bu gerçekleşip mü'minler birbirlerine kılıç çekene kadar... Vallahi o günden bu güne kadar da kılıçlar bir daha kınına girmemiştir. Allah'a yemin olsun ki, kıyamet gününe kadar da bir daha girmeyecektir.[58]

Urve ibnu'z-Zübeyr (rahimehullah) şöyle der: Osman'ın zamanını gördüm. O gün her müslümanın Allah'ın malında hakkı vardı.[59]

Tebaasına Karşı Yumuşak ve Merhametli Oluşu

Yumuşak huylu bir insan olması, merhametli bir kalbe sahip olması, tebaasına ihsanda bulunması, onlara yumuşaklıkla muamele etmesi onun özelliklerindendir. İftiracılar kendisine karşı ayaklanmışlar ve onu mazlum olarak öldürmüşlerdir.

58 İbn Asakir; Taberani, el-Kebir; İbn Ebi Şeybe, Tarihu'l-Medine. Heysemi el-Mecma'da isnadının hasen olduğunu söyler: 9/94.
59 İbn Şebbe tahric eder. İsnadı hasendir.

İbn Ömer (radıyallâhu anh) "Osman'ı öyle şeylerden dolayı kınadınız ki, bunları Ömer yapmış olsa kınamazdınız." [60]

Hasen el-Basri şöyle demekte: Mü'minlerin emiri Osman on iki sene bu işi sürdürmüş ve bu esnada emirliğine yönelik hiçbir kınamayla karşılaşmamıştır. Ama en sonunda fasıklar gelip bu konuda Medine halkının aklını çelmişlerdir.[61]

Musa ibn Talha'nın şu sözleri onun tebasına karşı ne kadar şefkatli olduğunu açıkça gösterir: Müezzin bir taraftan kamet okurken Osman ibn Affan'ı minberde insanlarla ilgilenip onlara durumlarını, piyasa fiyatlarını, hastalarının nasıl olduğunu sorarken görmüşümdür. [62]

Osman (radıyallâhu anh) işte böyle hiç kimseyle kıyaslanamayacak eşsiz bir insandı.

Kılıcın değerini düşürmüş olmaz mısın?

Kılıç sopadan daha keskindir, dersen.

KENDİSİNE YÖNELİK İFTİRALAR VE BUNLARIN CEVAPLARI

1- Onun hakkında, "Hürmüzan'ı öldüren Ubeydullah ibn Ömer'e Kısas Uygulaması Gerekirken Bunu Yapmamıştır" İddiası:

Oysa Osman (radıyallâhu anh) sahâbeyle istişare ettikten sonra onun diyetini kendi malından ödemiştir. Zira kendisi "Velisi olmayanın velisi sultandır" kaidesine göre velisi olmayan maktulun kanından sorumluydu.[63]

---

60   İbn Ebi Şeybe Musannafı'nda tahric eder. İsnadı sahihtir.
61   Buhârî, et-Tarihu's-Sağir; İbn Asakir. İsnadı sahihtir.
62   Ahmed, el-Müsned; İbn Sa'd, et-Tabakat. İsnadı sahihtir.
63   İbnu'l-Cevzi, Tarihu'l-Mulûk, 4/239-240.

İbnu'l-Arabi "el-Avasim mine'l-Kavasim" adlı eserinde buna tatmin edici biçimde cevap vermiştir. Bu konuda aktarılan kıssaya gelince, bu rivayetin hem senedinde hem metninde sorun vardır. İbn Abdilber şöyle demekte: "Onun Hürmüzan'ı, Cüfeyne'yi ve Ebû Lu'lue'nin kızını öldürdüğüyle ilgili kıssa mudtaribdir.[64]

Sahih olan rivayette ise Osman'ın (radıyallâhu anh) Muhacir ve Ensar'la istişare ettikten sonra bir müslümanı bir kâfirden dolayı öldürmemeye, bunun yerine kâfirin diyetini ödemeye karar verdiği geçer. Dolayısıyla burada herhangi bir muhalefetten söz etmek mümkün değildir.[65]

2- Osman'ın (radıyallâhu anh) İdarede Akrabalarını Görevlendirdiği İddiası:

İftiracılar onun akrabaları olan Muaviye, Abdullah ibn Âmir ibn Kurayz, Mervan ve Velid ibn Ukbe'yi vali olarak atadığını, Mervan'a Afrika'nın humusunu verdiğini söylerler.

İbnu'l-Arabi (rahimehullah) bunların hepsinin batıl iddialar olduğunu söyledikten sonra şöyle devam eder: Muaviye'yi Ömer vali olarak atamış ve tüm Şam'ı onun idaresine vermiştir. Osman da onun valiliğini onaylamıştır.

Velid ibn Ukbe'yi vali ataması hakkında ise kendisi şöyle demektedir: Onu kardeşim olduğu için atamadım; onu atamamın nedeni Nebi'nin halası (babasının ikizi) Ümmü Hakîm'in oğlu olmasıdır.

---

64 Haberin farklı rivayetlerinde arası bulunamayan çelişkiler mevcuttur. (çev.)

65 İbnu'l-Arabi, el-Avasim mine'l-Kavasim, s: 77, 116.

Velayet içtihada bağlı bir olaydır, nitekim Ömer de Sa'd ibn Ebi Vakkas'ı görevden alıp yerine ondan daha düşük derecede birini atamıştır.

Mervan ise sahâbe, tabiun ve fakihler nazarında önde gelen imamlardan biridir. Fakihler ona saygı gösterir, fetvalarına önem verir, rivayetlerini kabul ederler. Tarihçiler ve edebiyatçılar arasındaki bazı sefihler ise ancak akıllarının yettiği kadarını söylemişlerdir.

Velid ve kendisine içki haddi uygulanmasına gelince, Ömer de o zaman emir olan Kudame ibn Maz'ûn'a had uygulamış ve onu görevden almıştır. Tevbe edilen günahlar adaleti ortadan kaldırmaz.

Kendisinin Afrika'nın humusunu tek bir kişiye verdiği iddiası ise doğru değildir.

Müslüman olduktan sonra irtidad eden Abdullah ibn Ebi Serh'i ataması onun daha sonra İslâm'a tekrar dönüp iyi bir gidişat sergilemesi sonucundadır. O salih kimselerin gösterdikleri gayreti göstermiş ve namazda iki selam arasında ölmüştür. Bilindiği gibi tevbe edildiği takdirde günahlar adaleti ortadan kaldırmaz.

3- Ebû Zer'i Rabze'ye Gönderdi İddiası:

Bu iddia çok büyük bir zulüm ve çok kötü bir münkerdir. Osman (radıyallâhu anh) sahâbenin faziletlilerine hak etmedikleri şekilde davranmayacak ve onlara kötü bir muamelede bulunmayacak kadar adil ve faziletli bir insandır. Osman (radıyallâhu anh) istediğini yapması konusunda Ebû Zer'i serbest bırakmıştı.

Bunun delili Zeyd ibn Vehb'in şu söyledikleridir: Rabze'ye uğradım ve Ebû Zer'e (radıyallâhu anh) "Seni buraya getiren nedir?" diye sordum. O da "Sana bunu bildireyim" dedi ve şöyle devam etti: "Şam'da iken Muaviye ve ben *'Altını ve gümüşü biriktirip Allah yolunda infak etmeyenler'*[66] âyetini hatırladık. Muaviye "Bu âyet Ehli Kitap hakkında inmiştir" dedi ben ise "Hayır bizim hakkımızda indi" dedim. Muaviye Osman'a bir mektup yazarak bunu ona bildirdi. Osman da bana yazarak beni yanına çağırdı. Oraya gittiğimde insanlar sanki beni tanımıyorlarmış gibi üzerime gelip her biri bir şey söyledi. Osman'a bu durumdan şikayette bulununca beni muhayyer bıraktı ve "Dilediğin yere gidebilirsin" dedi.[67]

Abdullah ibnu's-Samit şöyle der: Ğıfar'lı bir grupla birlikte normalde girilmeyen bir kapıdan Osman'ın yanına girdik. O bizi böyle aniden karşısında görünce korktu. Ebû Zerr ona yaklaştı ve selam verdi. Ardından ilk sözü şu oldu: "Beni onlardan mı sandın ey mü'minlerin emiri?! Vallahi ben ne onlardanım –Haricileri kastediyordu- ne de onlardan olurum."

Osman "Doğru söyledin ey Ebû Zerr; biz seni ancak hayır için, Medine'de bize komşu olman için çağırdık" dedi.

Ebu Zerr "Benim buna ihtiyacım yok" dedikten sonra Rabze'ye gitmek için izin isteyerek "Bana Rabze'ye gitmem için izin ver" dedi.

Osman "Tamam, sana izin veriyoruz. Ayrıca sana zekat hayvanlarından ayırırız sabah akşam ondan payını alır, sütünden faydalanırsın" dedi.

---

66   Et-Tevbe: 34.
67   Sahihtir. Ebû Nuaym tahric etmiştir, Tesbitu'l-İmame, s: 139. Sahihtir.

Ebu Zerr "Bizim buna da ihtiyacımız yok; Ebû Zer'e bir parça deve eti yeter" dedi ve "Dünyanız sizin olsun ey Kureyşliler, siz onu sımsıkı tutun, bizim ona ihtiyacımız yok, bizi dinimizle baş başa bırakın" diye seslenerek çıktı.[68]

Ğalib el-Kattan şöyle der: Hasel el-Basri'ye "Ebu Zer'i Osman mı çıkardı?" diye sorduğumda "Hayır, Allah korusun" diye cevap verdi.[69]

Muhammed ibn Sirin (rahimehullah) Osman ibn Affan'ın onu Medine'den sürdüğü söylendiğinde çok sinirlenir ve "O kendisi çıktı, Osman onu sürmedi" derdi.[70]

4- Mushaf'ı Yaktığı İddiası:

Ali ibn Ebi Talib (radıyallâhu anh) şöyle der: "...Vallahi onu Rasûlullah'ın ashabının ileri gelenlerinin önünde yaktı. Bizi topladı ve şöyle dedi: 'İnsanların kıraatta ihtilaf etmeleri konusunda ne diyorsunuz? İki kişi bir araya geldiğinde biri diğerine 'Benim kıraatim seninkinden daha iyi' diyor. Bu durum insanı küfre sürükler.'

Biz 'Senin görüşün nedir?' diye sorunca 'Ben insanları bir tek mushafta birleştirmek istiyorum. Eğer bugün sizler ihtilaf ediyorsanız, yarın sizden sonrakiler daha beter ihtilaf edeceklerdir' diye cevapladı. Biz de "Ne güzel bir düşünce" diye karşılık verdik.[71]

5- Rasûlullah'ın Kovduğu Hakem ibn Âs'ı Medine'ye Tekrar Soktuğu İddiası:

---

68   Sahihtir. İbn Ebi Sa'd Tabakatı'nda tahric etmiştir: 4/232; İbn Ebi Şebbe, Tarihu'l-Medine, 3/1036, 1041; Ebû Nuaym, el-Hilye, 1/10.

69   İsnadı hasendir. Zehebi Tarihu'l-İslâm'da aktarır; İbn Şebbe, 3/1037.

70   İsnadı hasendir. İbn Şebbe, 3/1037.

71   Minhacu's-Sünne, 6/252-253.

Buna İbn Teymiyye'nin (rahimehullah) verdiği cevabı veriyoruz: "Böyle bir haber sabit olmamıştır ve bu sözün isnadı yoktur."

6- Zekat mallarından hediye dağıttığı iddiası:

Bu iddiaya göre o zekat mallarından hediye dağıtmış ve insanlar da onu kınamışlardır.

Ebu Nuaym el-Isbahani (radıyallâhu anh) bu iddiaya şöyle cevap verir: Osman (radıyallâhu anh) kendisini kınayanlardan daha iyisini bilen birisidir. İmamlar tebalarına yönelik bir maslahatı uygulamayı gerekli gördüklerinde, bu maslahatı bilmeyen birinin yapılana karşı çıkması o maslahatı bilen aleyhinde delil olamaz. Nitekim bilmediklerinden dolayı cahillik edip hakka karşı çıkan insanlar hiçbir zaman eksik olmazlar.

Dolayısıyla Osman'ın maslahat görerek emrettiği bir şeyi inkar edenin bu inkarı onu bağlamaz. Cirane günü Rasûlullah bunda maslahat gördüğü için Huneyn ganimetlerini müellifei kulub'a ayırmış ve Ensar'a pay vermemişti. Öyle ki "Ganimetlerimizi kılıçlarımızdan halen kanları damlayan insanlara mı veriyor?!" diyenler olmuştu.

Onları Rasûlullah'ın yaptığını inkara sevk eden şey, onun bu paylaştırmayı yaparken gördüğü maslahatı onların bilmiyor olmalarıydı. Rasûlullah'a karşı gösterilen bu tepki Osman'a karşı gösterilenden daha büyüktü; zira müellefeye verilen mal ganimet malıydı.

Öyleyse Peygamberinin yaptığına uygun bir davranışta bulunan Osman'a yönelik bu tepki, Rasûlullah'a gösterilen tepkinin bağlayıcılığından daha bağlayıcı değildir.[72]

---

72 Ebu Nuaym, Tesbitu'l-İmame, s: 149. Mecdi Fethi'nin "Siretu ve Hayatu Zi'n-Nurayn Osman İbn Affan" isimli eserinden naklen: s:94.

7- Ammar ibn Yasir'i ve Abdullah ibn Mesud'u dövdüğü iddiası:

Onun Ammar'ı bağırsakları dışarı çıkacak(!) derecede dövdüğü suçlamasına karşı Ebû Nuaym "Tesbitu'l-İmame" de şöyle der: Onun böyle bir şey yaptığı sabit olmamıştır. İbnu'l-Arabi şöyle der: Onun Ammar'ı dövdüğü iddiası bir iftiradır. İbn Mesud'u dövüp kaburgalarını kırdığı ve iki sene boyunca bağıştan mahrum bıraktığı! İddiası da tamamen batıldır, iftiradır, kesinlikle aslı yoktur.[73]

İmam ibn Teymiyye şöyle der: Osman İbn Mesud'u ve Ammar'ı dövmüş bile olsa, bu onlardan hiçbirinin değerini düşürmez. Biz onların üçünün de cennette olduklarına, kendilerinin Allah'ın muttaki dostlarından olduklarına tanıklık ederiz. Nitekim Ömer insanların kendisinin arkasında yürüdüklerini görünce Ubey ibn Ka'b'ı sopasıyla dövmüş ve "Bu durum tabi olan için zillet, tabi olunan içinse fitnedir" diye açıklamada bulunmuştur.[74]

İbn Ömer ve Onun Osman'ı Savunması

Mısırlı birisi Mekke'ye gelerek hac yaptı. O esnada mescitte oturan bir grup insan gördü ve "Bunlar kim?" diye sordu. Oradakiler "Bunlar Kureyşliler" dediler. "En kıdemlileri kimdir?" diye sorunca "Abdullah ibn Ömer" diye cevapladılar. Adam bu kez İbn Ömer'e dönerek "Sana bir şey soracağım, bana o konuda cavap ver" dedi ve şöyle sordu: "Osman'ın Uhud günü kaçtığını biliyor musun?" İbn Ömer "Evet" dedi. Adam "Bedir günü orada olmadığını ve savaşa katılmadığını biliyor musun?" İbn Ömer "Evet" dedi. Adam tekrar "Onun

---

73 S: 151-152.
74 Minhacu's-Sünne, 3/192. Tertibu'l-Efvah'tan naklen: s: 141-147.

Rıdvan biatında olmadığını da biliyor musun?" İbn Ömer yine "Evet" deyince, adam "Allahu Ekber" dedi.

İbn Ömer adama "Gel de sana açıklayayım" dedikten sonra şöyle devam etti: "Onun Uhud günü kaçmasını Allah'ın af ve mağfiret ettiğine şahitlik ederim. Bedir'de bulunmayışının sebebi Rasûlullah'ın kızından sorumlu olması ve onun da o vakit hasta olmasıdır. Rasûlullah ona 'Sana Bedir'e katılanın sevabı var' demiş ve kendisine ganimetten pay vermiştir. Rıdvan biatında bulunmayışına gelince, eğer Mekke'de Osman'dan daha değerli birisi olmuş olsaydı, Rasûlullah onun yerine onu gönderirdi. Zira Rasûlullah Osman'ı göndermiş ve Rıdvan biatı o Mekke'ye gittikten sonra gerçekleşmiştir. Biat esnasında Rasûlullah '(sol eli için) Bu Osman'ın eli' demiş ve onu (sağ eli) üzerine koyarak 'Bu da Osman için' dedikten sonra adama 'Şimdi bunları yanına alarak git' demiştir.[75]

Evinde Kuşatılması

Ebu Umame ibn Sehl'den: Kendisi evinde kuşatıldığı esnada Osman'ın yanındaydık. Evdeki bir giriş, buradan giren kişinin zemindeki konuşmaları duymasına olanak veriyordu. Osman buraya girdi ve bizim yanımıza geldi. Rengi atmış durumdaydı. "Biraz önce beni ölümle tehdit ettiler" dedi. Biz de "Onlara karşı sana Allah yeter ey mü'minlerin emiri" dedik. O şöyle dedi: "Beni neden öldürecekler? Ben Rasûlullah'ın *'Bir müslümanın kanını akıtmak ancak üç sebeple helal olur: Müslümanlıktan sonra küfre dönmek, evlilikten sonra zina etmek ve başka bir cana karşılık olmaksızın birini öldürmek'* dediğini duydum. Vallahi ben ne cahiliyede ne de İslâm'dan sonra zina ettim. Allah bana hidayet verdikten sonra dinimi

---

75   Buhârî Osman ibn Mevhib'den tahric eder: 3698; Tirmizi, 3706.

bir başkasıyla değiştirmeyi hiç düşünmedim ve hiç kimseyi öldürmedim. Öyleyse bunlar beni ne sebeple öldürecekler?" [76]

Ebu Abdurrahman şöyle demekte: Osman (radıyallâhu anh) kuşatıldığında onlara seslenerek şöyle dedi: "Allah için söyleyin, Rasûlullah'ın 'Rûme kuyusunu kim açarsa ona cennet vardır' dediğini ve o kuyuyu benim açtığımı, Rasûlullah'ın 'Zorluk ordusunu kim techiz ederse ona cennet var' dediğini ve bu orduyu benim techiz ettiğimi bilmiyor musunuz?"

Onlar da onun söylediklerini tasdik ettiler.[77]

Yolculuk Vakti

İsyancıların kuşatması şiddetlenince onlara karşı koymak için silahlarıyla evinin etrafında toplanmış olan sahâbeye "Bana en büyük iyiliği elinizi silahınızdan çekmekle yapabilirsiniz!" dedi.

Onu savunmak üzere silahını çekmiş vaziyette gelen Ebû Hureyre'ye (radıyallâhu anh) şöyle der: "Vallahi bir tek kişi bile öldürmüş olsan tüm insanları öldürmüş gibi olursun."

Hasan'a, Hüseyin'e, İbn Ömer'e, Abdullah ibnu'z-Zübeyr'e ve onu korumak için yerlerini almış olan diğer sahâbî gençlere şöyle der: "Size Allah için sesleniyor ve Allah için sizden benim yüzümden kan akıtmamanızı istiyorum."

İbn Ömer şöyle diyor: Kuşatma günü Ali, Osman'ın yanına geldiğinde evin kapısının kapatılmış olduğunu gördü. Beraberinde silahıyla birlikte Hasen ibn Ali vardı. Ali (radıyallâhu anh) Hasen'e "Mü'minlerin emirinin yanına gir, kendisine selam söyle, sonra da 'Seni desteklemek üzere geldim, bana istediğini emret' de" diye tembihledi.

---

76 Ebu Davud, 4502; Ahmed, 1/61-62; Nesai, 7/91-92. İsnadı sahihtir.
77 Buhârî muallak olarak tahric eder. Şahit hadisler nedeniyle sahihtir.

Hasan Osman'ın yanına girdi ve çıkınca babasına şöyle dedi: 'Mü'minlerin emiri sana selam söyledi ve 'Savaşmaya da kan dökmeye de gerek yok' dedi. Bunun üzerine Ali siyah bir sarık çıkarıp onu kapının önüne attı ve şöyle seslendi:

"Bu benim ona arkasından hıyanet etmediğimi ve Allah'ın hainlerin hilesini hedefine ulaştırmayacağını bilmesi içindir."
(Yusuf: 52)

Sen ne kadar büyük bir insansın ey Osman... Senin merhametin ve adaletin büyük küçük her olayda kendini göstermektedir. Bir hizmetçi bile bundan payını almakta, halife gecenin karanlığında kendini yorarken, hizmetçi, gece uykusunu bolmeden rahatça uyuyabilme hakkını kullanmaktadır. Ama ne yazık ki bunun bedeli yaşlı halifenin, mücrim bir saldırganın ve adi bir hainin eliyle can vermesi olmuştur. Merhamet onun hayatına ve davranışlarına öylesine işlemişti ki, bu merhamet sonunda onun kendi hayatına mal oldu.

Etrafındaki tüm insanlara karşı merhametli olan birinin bu merhametinin kendi yakınlarını da kapsamına alması son derece doğaldır. Ali (radıyallâhu anh) "İçimizde akrabalık bağlarını en çok gözetenimiz Osman'dır" demekte. Osman (radıyallâhu anh) bu konuda benzersiz bir örnektir.[78]

Münafıklar Senden Gömleğini Çıkarmanı İsterlerse Onu Çıkarma

Âişe'den (radıyallâhu anhâ): Rasûlullah (sallallâhu aleyhi ve sellem) Osman'a şöyle dedi: *"Ey Osman, Allah sana bir gömlek giydirdi, münafıklar bu gömleği senin üzerinden çıkarmak isterlerse onu sakın çıkarma, ta ki bana kavuşana dek."* [79]

---

78 Dr. Seyyid Huseyn, Salahu'l-Umme, s: 6/62.
79 Sahihtir. Ahmed; Tirmizi; İbn Mace; Hakim; İbn Hıbban. Elbani sahih olduğunu söyler: Sahihu'l-Cami, hd. no: 7947.

Başına gelen imtihanda o takdire değer bir tavır sergilemiştir. Bu imtihan komplocuların vahşetini yere batırırken, halifenin müsamahasını zirveye çıkarmıştır.

Rasûlullah (sallallâhu aleyhi ve sellem) şöyle buyurmakta: *"Ümmetim çalımla yürüdüğü, kralların, Farsların ve Rumların çocukları onlara hizmet ettiği zaman onların şerlileri seçkinlerinin başına musallat olur."* [80]

Bu, intikamcıların İslâm'a, dine, devlete ve ümmete karşı düzenledikleri bir komploydu.

Komplo için uzanan eli gören Halife'nin zihnine hakim olan tek bir düşünce vardı; bu da o gün için üzerine düşen en önemli ve en kutsal görevi yerine getirmekti. Bu görev devletin yapısını ve otoritesini tam olarak koruma göreviydi. Zira bu yıkıcı isyan bu devleti ve ona ait değerleri yok etmeyi hedefliyordu. Bu yüzden de onun azametini ve otoritesini korumak en önemli görev ve en kutsal sorumluluk haline gelmişti. Nitekim halifemiz Rasûlullah dönemini gereği gibi kavramış ve mevcut değerleri koruma sorumluluğunu takdire değer bir azimle üstlenmiştir.

Sonu ölüm bile olsa değerlerden vazgeçmeme ve kargaşaya fırsat vermeme konusundaki bu yüce gönüllülüğü, en üstün, en harika ve en parlak şekliyle Osman'ın (radıyallâhu anh) tutumunda görmekteyiz: O isyancılarla çarpışma ve onları öldürme fırsatı bulunduğu halde bunu reddetmiştir.

Bununla birlikte isyancılar son kozlarını da ortaya koyup büyük bir cüretle "Ya Osman'ın azli ya da öldürülmesi" diyerek seslerini yükselttiklerinde halife hayret veren bir kararlılıkla azledilmeyi reddetmiştir.

---

80   Tirmizi İbn Ömer yoluyla rivayet eder. Elbani sahih olduğunu belirtir: Age: 801.

Ortada ürkütücü bir durum ve ölüm tehlikesi varken, seksen yaşını aşmış bir insana makam ve mevki hırsının hakim olduğu düşünülemezdi. Öyleyse Osman'ı azli reddetmeye iten neden ondaki benzersiz sorumluluk duygusuydu. Ondaki bu ahlak, kendisinde mevcut olan tevazu ve hayâ perdesinin ardında gizliydi. Biz gündüzün ortasında güneşe bakamayacağımız gibi onun bu parlak ahlakını da bakıp göremezdik. Bu ahlak sadece böylesi bir kriz durumunda, ancak böylesi bir zorlukta ve gerginlikte görülebilirdi. İslâm'ın geleceği ve devletin itibarı küçük, çılgın bir gruba nasıl boyun eğerdi?!

İbn Ömer ona "İslâm'da bu yolu açma ve Allah'ın sana giydirdiği gömleği de üzerinden çıkarma" demiştir.

Bizzat kendi malıyla Rûme kuyusunu satın alıp Müslümanlara hediye eden Osman'ı erzak ve sudan mahrum bıraktılar.

O ne kadar yüce gönüllü bir insandı ki, kendi kanının akması pahasına başkalarının kanının akıtılmasına engel oldu, kendi canı pahasına devletin saygınlığını korudu.

Kendisini kırk gün boyunca kuşattılar. Evde onunla birlikte Muhacir ve Ensardan yaklaşık yedi yüz kişi ve bir gurup da köle ve hizmetçi vardı. Eğer onları bırakmış olsaydı kuşatmacıları etkisiz hale getirebilirlerdi. Fakat o onlara "Üzerinde hakkım olan herkesten elini kılıcından çekmesini ve evine gitmesini istiyorum" dedikten sonra kölesine dönerek "Sizden kılıcını kınına koyan da özgürdür" dedi.

Nafi' İbn Ömer'den rivayet etmekte: Osman insanlarla konuşarak onlara şöyle dedi: "Nebi'yi rüyamda gördüm, bana 'Ey Osman, orucunu yanımızda aç.' dedi." Kendisi o gün oruçtu ve aynı gün öldürüldü.[81]

---

81   İbn Kesir, el-Bidâye ve'n-Nihâye, 7/190.

Osman (radıyallâhu anh) kendisine vaat edilenin gerçekleşeceği ümidi ve Rasûlullah'a kavuşma şevki ile Allah'ın emrine telsim oldu. O Adem'in iki oğlundan hayırlı olanı gibi davrandı:

"Ben senin hem kendi günahını hem de benim günahımı (beni öldürme günahını) taşıyarak dönmeni ve cehenneme gireceklerden olmanı istiyorum; zalimlerin alacağı karşılık işte budur." (el-Maide: 29)

Osman (radıyallâhu anh) görmüş olduğu rüyanın sadık bir rüya olduğundan emindi. O Allah'ın geniş rahmetine ve Muhammed'e (sallallâhu aleyhi ve sellem) kavuşmak üzere ebedi yolculuğa çıkmaya hazırdı.

Eli kılıç darbesini alınca "Vallahi bu el Kur'an âyetlerini ilk yazan eldir" dedi ve elinden boşalan kan *"Allah onlara karşı sana yeter, o işiten ve bilendir"* (el-Bakara: 137) âyetinin üzerine aktı.

Onun kaygısı hilafet sancağını elinden düşürmemek ve elinde Müslüman kanı olmaksızın Allah'a kavuşmaktı.

Temiz bedeni yere uzandığında Allah'ın kitabı yanı başındaydı. Bu şerefe ondan daha layık kimse düşünülemezdi; zira onun âyetlerini derleyen, onu koruyan ve onun için canını feda eden Osman'ın ta kendisiydi.

Allah İman Edenleri Savunur

Allah azze ve celle yaşadıkları sürece ve hatta öldükten sonra bile mü'min dostlarını savunmayı üzerine almıştır. Bu nedenle şöyle der: *"Allah iman edenleri savunur, kuşkusuz ki Allah hain ve nankör olanları sevmez."* (el-hac: 38)

Allah'u Teâlâ kudsi hadiste şöyle buyurur: *"Kim benim bir dostuma düşmanlıkta bulunursa ben de ona savaş ilan ederim..."* [82]

Bu durumda birisi çıkıp "Öyleyse öldürüldüğü esnada Allah onu neden savunmadı?!" diye sorabilir.

Bunun cevabı şudur: Onun öldürülmesi aslında onun için en büyük savunmadır. Zira Allah onu bu yolla Rasûlullah'ın kendisini müjdelediği şehadetle rızıklandırmıştır.

Ebu Kılabe'den şöyle aktarılır: Ben bir grupla birlikte Şam'da iken bir adamın "Vay cehenneme girdiğimde!" diye bağırdığını duydum. Adamın yanına gittiğimde kolları ve bacakları kesilmiş, gözleri kör, yerde yüz üstü yatan birini gördüm. Neden bu halde olduğunu sorduğumda şu cevabı verdi: "Ben Osman'ın evini basanlarla birlikteydim. Ona yaklaştığımda eşi bir çığlık attı ve ben de ona bir tokat attım. Osman 'Ne diye vuruyorsun, Allah iki elini, iki ayağını kessin, gözlerini kör etsin, seni cehenneme soksun" dedi. Büyük bir dehşetle titremeye başladım ve hemen oradan kaçtım. Sonunda gördüğün şey başıma geldi. Onun duasından gerçekleşmedik olan bir cehennem kaldı." Ben bunları duyunca 'Allah seni kahretsin' dedim.[83]

Yezid ibn Habib şöyle der: Osman'ın evini basanların çoğu sonradan delirdiler.[84]

Böylece o, fedakârlıklarla, cihadla, adaletle, müsamaha ve tevazuyla dolu bir hayattan sonra insanların dünyasından şehit olarak ayrıldı.

---

82   Buhârî Ebû Hureyre'den rivayet eder.
83   Taberi, er-Riyadu'n-Nadra Fi Menakibi'l-Aşra, s: 507.
84   Heysemi "Taberi rivayet etmiştir, isnadı sahihtir" der: el-Mecma', 14003.

O Allah'ın ve Rasûl'ünün sevgisiyle karışmış, Kur'an'ın her âyetiyle eriyip katışmış olan kanını feda ederek ayrıldı dünyadan.

Ancak bu ayrılış İslâm'a yapılan nice hizmetlerin ardından gerçekleşti. Bizler bunca zaman sonra hala onu ve onun değerli çabalarını anmaktayız ve ruhlarımız bedenlerimizde kaldığı sürece onu unutmayacağız.

Allah Osman'dan ve diğer sahabilerden razı olsun.

SORULAR VE CEVAPLAR

Soru: Hz.Osman'ın (radıyallâhu anh) soyunu zikrediniz.

Cevap: O, Osman b. Affan b. Ebi'l-As b. Ümeyye b. Abdişşems b. Abdimenaftır.

Kureyşli ve Emevîlerdendir. Rasûlullah (sallallâhu aleyhi ve sellem) ile soyu dedesinin dedesi Abdimenaf'ta birleşmektedir.

Fil vak'asından altı yıl sonra Mîlâdî 576'da, Taif'te doğdu.

Annesi Erva binti Kureyz b. Rebia b. Habib b. Abdişşems b. Abdimenaf'tır. Yani Kureyz b.Rebia'nın kızı Erva'dır.

Annannesi ise, Rasûlullah'ın (sallallâhu aleyhi ve sellem) halası Abdulmuttalib'in kızı Beyza'dır.

Soru: Zinnureyn lakabını nereden almıştır?

Cevap: Künyesi önce Ebû Abdullah veya Ebû Amr'dı. Çünkü önce ilk eşi Rasûlullah'ın (sallallâhu aleyhi ve sellem) kızı Rukiyye'den olma Abdullah'la künyelendi. Ancak Abdullah ergenlik çağına ulaşmadan küçük yaşta vefat etti.

Zinnureyn (iki nur sahibi) diye lakaplanması O'nun Rukiyye'nin vefatından sonra Rasûlullah'ın (sallallâhu aleyhi ve sellem) diğer kızı Ümmü Gülsüm ile evlenmesiyle olmuştur. Rasûlullah'ın (sallallâhu aleyhi ve sellem) iki kızıyla evlenen başka bir kimse bilinmemektedir.

Soru: Çağdaşları O'nu nasıl vasıflandırmışlardır?

Cevap: O'nu şöyle vasıflandırmışlardır: "Osman yakışıklıydı. Ne uzun ne kısaydı, orta boyluydu. Yüzü güzel, cildi ince, gür sakallı, esmer, sık saçlı, eklem yerleri iri, geniş omuzlu idi. Kulaklarının altına kadar sarkan uzun saçlıydı. Bacakları güçlü, kolları uzundu. Saçları omuzlarını örterdi. Burnu belirgin derecede kemerliydi. Yüzünde çiçek hastalığından kalma noktalar vardı. Sakalı gittikçe sararırdı. Dişlerini altınla keskinleştirir; güçlendirirdi."

Soru: Nerede ve ne zaman doğdu?

Cevap: Daha önce geçtiği gibi Miladî 576'da Taif'te doğdu. Burası asıl yurtları değildi. Taif; Mekkeliler ve onların zenginleri için bahçeleri bulunan ve havası hoş, iyi bir yazlık şehriydi.

Soru: Hz. Osman (radıyallâhu anh) ne iş yapardı? Kureyşlilerdeki yeri neydi?

Cevap: Hz. Osman (radıyallâhu anh) Kureyş'in en soylusu ve Kureyş'teki hayır ve şerri en iyi bilendi. Kureyşliler bilgisinden, ticaretinden ve güzel muamelesinden dolayı pek çok işleri için yanına gelirler ve danışıp konuşurlardı. Çok hayalıydı ve büyük tüccarlardandı.

Soru: Ne zaman ve nasıl Müslüman oldu?

Cevap: Hz. Osman (radıyallâhu anh) erken vakitte, daha İslâm'ın başında, Rasûlullah (sallallâhu aleyhi ve sellem) daru'l-erkam'a girmeden Müslüman oldu. Müslüman olduğunda yaşı otuzu geçmişti.

Ebu Bekir (radıyallâhu anh) O'nun yakın arkadaşı ve dostuydu. Bir gün ona "Ey Osman, yazıklar olsun sana. Sen hakla batılı birbirine karıştırmayacak kadar akıllı bir adamsın.Kavminin ibadet ettiği şu putlar işitmeyen ve görmeyen, zarar ve fayda vermeyen birer taş değil midir?" dedi. Osman (radıyallâhu anh) "Evet vallahi öyle."dedi. Ebû Bekir "İşte Abdullah'ın oğlu Muhammed'i Allah tüm insanlara peygamber olarak gönderdi. Gidip O'nu dinlemek istemez misin?" dedi. O da "Pekala" dedi.

Soru: Müslüman olması hususunda teyzesi Sa'di ne demiştir?

Cevap: Hakkındaki şiiri şöyledir:

Allah temiz Osman'a Kur'an'ıyla hidayet etti.

İyiliğe yöneltti; zira Allah hakka iletir.

İsabetli bir kararla Muhammed'e biat etti.

Erva hanımın oğlu haktan geri çevirmezdi.

Peygamber O'nu kızlarından biriyle evlendirdi.

Ufukta Güneş'le birleşen Ay gibiydi.

Senin yüreğin benim ruhumdur ey Haşimîlerin oğlu.

Sen Allah'ın emanetçisi emin zatsın, alemlere gönderildin.

Soru: Aşiretinden O'nunla birlikte başka Müslüman olan oldu mu?

Cevap: O'nunla birlikte kızkardeşi Affan kızı Amine de Müslüman oldu. Annesinin diğer çocukları Velid, Halid ve Ammara'nın İslâm'a girmesi Mekke'nin fethine kadar gecikti. Akabe b. Ebû Muit'in Ümmü Gülsüm dışındaki çocukları da o zaman müslüman oldular. Ümmü Gülsüm ise ilk dönemde müslüman oldu. O, ilk muhacirlerdendi ve Rasûlullah'a (sallallâhu aleyhi ve sellem) biat eden ilk Kureyşli kadındı.

Soru: Hz. Osman (radıyallâhu anh)'a işkence yapıldı mı? Kim yaptı?

Cevap: Hz. Osman (radıyallâhu anh) müslüman olup, bunu gizlemeyip, inkâr etmeyince amcası Hakem b. Ebi'l-As O'nu tutup bir yere bağladı ve "Atalarının dinini bırakıp yeni bir dine mi geçiyorsun? Vallahi üzerinde olduğun bu dini bırakmadıkça ve ondan sıyrılmadıkça seni serbest bırakmayacağım." dedi. O da (radıyallâhu anh) "Vallahi kesinlikle bu dini bırakmayacağım!" dedi. Hakem O'nun dininde kararlılığını görünce bıraktı.

Soru: Rasûlullah'ın (sallallâhu aleyhi ve sellem) kızı Rukiyye (radıyallâhu anh) ile evlenmesi nasıl gerçekleşmiştir?

Cevap: Rukiyye ile kızkardeşi Ümmü Gülsüm amcaları Ebû Leheb'in iki oğluna nişanlıydı. Rasûlullah (sallallâhu aleyhi ve sellem) Peygamber gönderilip mel'un amcası Ebû Leheb O'na düşmanca tavır takınınca bu akitleri de geçersiz sayarak nişanı bozdu. Bunun üzerine Osman (radıyallâhu anh) Rukiyye ile evlenmek için hemen harekete geçti ve babasından istedi. Bu hem Rasûlullah'ın (sallallâhu aleyhi ve sellem) kalbi hem de Rukiyye'nin (radıyallâhu anh) kalbi için en güzel ve en büyük bir teselli oldu.

İşte nesep, zenginlik ve servetiyle tam bir Kureyşli ve güzel ahlâklı bu genç Rasûlullah (sallallâhu aleyhi ve sellem) ile hısım olmak için talepte bulunuyordu. Bu ne şerefli bir hısımlık bağıydı!

Hâşâ mesele gönlü hoş etmek için istemeden yapılan bir şey veya feshedilmiş bir akdin boşluğunu doldurmak için yapılmış bir şey değildi. Bilakis iman ve dinin sağlamlaştırılması için yapılan bir gayretti. Her ikisi de güzel hasletlerdi ki, bunların üstünde O bir de güzel ahlaka sahipti. O'nun için "İnsanoğlunun gördüğü en iyi çift Rukiyye ile Osman'dır" denilirdi.

Soru: Hz. Osman (radıyallâhu anh) Habeşistan'a hicret etti mi? Bu hususta Rasûlullah (sallallâhu aleyhi ve sellem) ne buyurdu?

Cevap: İlk Müslümanların ızdırabı gittikçe artıyor, Kureyşliler onlarla müsamahasızca savaşıyor ve güçsüzlere büyük işkenceler yapılıyordu. Bunun üzerine Rasûlullah (sallallâhu aleyhi ve sellem) ,dinlerini kurtarmaları ve zorbacı tağutların baskısından uzaklaşmaları için Habeşistan'a hicret etmelerine izin verdi. Osman ile Rukiyye de bu muhacirlerin başındaydılar.

Enes b. Malik (radıyallâhu anh) der ki: "Habeşistan'a ilk Osman hicret etti. Rasûlullah'ın (sallallâhu aleyhi ve sellem) kızı Rukiyye de O'nunla birlikte çıktı. Ancak haberler gecikti veya Rasûlullah (sallallâhu aleyhi ve sellem) onlardan haber beklemeye başladı. Bu arada Kureyşli bir kadın Habeşistan'dan gelmişti. Rasûlullah (sallallâhu aleyhi ve sellem) kızını sordu. Kadın "İkisini de gördüm" dedi. "Nasıl gördün onları?" diye sordu. Kadın: "Hanımını bir merkebe bindirmişti ve kendisi hayvanı arkadan sürüyordu" dedi. Bunun üzerine Rasûlullah (sallallâhu aleyhi ve sellem) "Allah onlarla olsun. Osman, Lut'tan sonra ailesiyle Allah'a (c.c.) hicret eden ilk kişidir" demiştir.

Soru: Rasûlullah (sallallâhu aleyhi ve sellem) O'nu cennetle müjdeledi mi?

Cevap: Ebû Musa Eş'ari'den (radıyallâhu anh): "Bir kabilenin bahçesindeydik ve kapısı kapalıydı. Birden birisi kapıyı açmamız için seslendi. Rasûlullah (sallallâhu aleyhi ve sellem) "Ey Abdullah b. Kays, kalk, O'na kapıyı aç ve O'nu cennetle müjdele" buyurdu. Ben de kalkıp açtım. Baktım ki Ebû Bekir. O'na Rasûlullah'ın (sallallâhu aleyhi ve sellem) buyurduğunu söyledim. Allah'a (c.c.) hamdetti ve girip oturdu. Sonra kapıyı kapattım. Rasûlullah (sallallâhu aleyhi ve sellem)elindeki çöple düşünceli düşünceli yeri çizmeye başladı. Derken birisi daha kapıyı açmamız için seslendi. Rasûlullah (sallallâhu aleyhi ve sellem) "Ey Abdullah b. Kays, kalk, O'na kapıyı aç ve O'nu cennetle müjdele." buyurdu. Ben de kalkıp açtım. Baktım ki Ömer (radıyallâhu anh). O'na Rasûlullah'ın (sallallâhu aleyhi ve sellem) buyurduğunu söyledim. Allah'a (c.c.) hamdetti ve girip oturdu. Sonra kapıyı kapattım. Rasûlullah (sallallâhu aleyhi ve sellem) elindeki çöple düşünceli düşünceli yeri çizmeye başladı. Biraz sonra tekrar birisi gelip kapıyı açmamız için seslendi. Rasûlullah (sallallâhu aleyhi ve sellem) "Ey Abdullah b. Kays, kalk, O'na kapıyı aç ve O'nu cennetle müjdele." buyurdu. Ben de kalkıp açtım. Gelen Ali (radıyallâhu anh) idi. O'na Rasûlullah'ın (sallallâhu aleyhi ve sellem) buyruğunu söyledim. Allah'a (c.c.) hamdetti ve girip selam verdi ve oturdu. Sonra kapıyı kapattım. Rasûlullah (sallallâhu aleyhi ve sellem) elindeki çöple düşünceli düşünceli yeri çizmeye başladı. Sonra birisi daha kapıyı açmamız için seslendi. Rasûlullah (sallallâhu aleyhi ve sellem) "Ey Abdullah b. Kays, kalk, ona kapıyı aç ve cennetle müjdele." buyurdu. Ben de kalkıp açtım. O da Osman (radıyallâhu anh)'dı. O'na Rasûlullah'ın (sallallâhu aleyhi ve sellem) buyurduğunu söyledim. "Allah'tan (c.c.) yardım diler ve O'na tevekkül ederiz" dedi. sonra girip selam verdi ve oturdu."

Soru: Rasûlullah (sallallâhu aleyhi ve sellem) Osman'ı (radıyallâhu anh) nasıl nitelemiştir?

Cevap: Âişe (radıyallâhu anhâ) anlatıyor: Bugün Ebû Bekir, örtümün üzerindeki yatağında uzanmış yatan Rasûlullah'ın huzuruna girmek için izin istedi. O halde izin verdi ve Ebû Bekir işini bitirip çıktı. Sonra Ömer (radıyallâhu anh) izin istedi. O'na da duruşunu değiştirmeden izin verdi. O da girip işini bitirdikten sonra çıktı. Sonra girmek için Osman (radıyallâhu anh) izin istedi. Bunun üzerine oturdu ve bana "Elbiseni toparla" dedi. O da işini bitirdikten sonra gitti. Ben "Ya Rasûlallah! Osman'a heyecanlandığın kadar Ebû Bekir ve Ömer'e heyecanlandığını görmedim?" dedim. "Osman çok hayalı bir adamdır. Bu hal üzere kendisine izin verirsem ihtiyacını arzetmemesinden korktum. Hem meleklerin haya ettiği kimseden ben haya etmeyeyim mi?" dedi. Yine Rasûlullah'tan (sallallâhu aleyhi ve sellem) şöyle rivayet edilmiştir: "Ümmetimin hayada en samimisi Osman'dır"

Soru: Hz. Osman (radıyallâhu anh) Bedir gazvesine katılmadı mı? Neden?

Cevap: Bunun bazı sebepleri vardır:

Bir: Bedir'e katılmayan sadece O değildi. Çünkü Rasûlullah insanları Ebû Süfyan'ın kafilesinin önünü kesmek için çağırmıştı ve çıkışları savaş için değildi. Onun için çoğu kalmış, azı çıkmıştı.

İki: Eşi Rukiyye ağır hastaydı ve O'na bakmak için Rasûlullah'tan (sallallâhu aleyhi ve sellem) izin istedi, O da verdi.

Üç: Beşir zafer haberini getirdiğinde Hz. Osman (radıyallâhu anh) Rukiyye'yi Baki mezarlığına yeni gömmüştü ve elini topraktan yeni çırpmıştı. Dolayısıyla o esnada hüzün ve kederin doruğunu yaşıyordu.

Soru: Rasûlullah (sallallâhu aleyhi ve sellem) O'na Bedir ganimetinden verdi mi?

Cevap: Rasûlullah (sallallâhu aleyhi ve sellem) kızının kabrine gitti ve O'nun için Allah'tan rahmet diledi; dua etti ve Osman'ı da teselli etti.

Sonra O'na, sanki savaşa iştirak etmişçesine Bedir ganimetinden pay verdi. Sahâbe ve tabiinin, fakihlerin, alimlerin çoğu O'nun Bedir ehlinden olduğu görüşündedirler. Bundan sadece, O'nu kötülemek, kusur isnad etmek ve gizlice zedelemek isteyenler müstesnadır.

Soru: Rasûlullah'ın (sallallâhu aleyhi ve sellem) torunu Abdullah nasıl ve kaç yaşında vefat etti?

Cevap: Osman, Rukiyye'den oğlu Abdullah'a nisbetle "Abdullah'ın babası" manasında "Ebû Abdullah" künyesiyle anılırdı. Abdullah dört yaşına varmıştı ve yürüyebiliyordu. Dedesi Muhammed Mustafa'nın (sallallâhu aleyhi ve sellem) ve anne babasının gözbebeğiydi. Bir gün uyurken bir horoz gözünü gagaladı ve oradan zehirlendi. Hiç bir ilaç fayda vermedi ve ardında hüzün bırakarak vefat etti.

Bu hicretin ilk yılının sonlarında ve ikinci yılının başlarında oldu. Allah (c.c.) daha iyi bilir ya, belki de Rukiyye'nin sağlığının kötüleşmesinin, hastalanmasının, sonra vefat etmesinin sebebi bu idi.

Soru: Hz. Osman (radıyallâhu anh) eşi Rukiyye'nin vefatından sonra Rasûlullah'a (sallallâhu aleyhi ve sellem) ne dedi?

Cevap: Eşi Rukiyye'nin vefatından sonra Osman (radıyallâhu anh) evlenmedi ve bir süre öyle yaşadı. Sonra bir gün Rasûlullah'ın huzuruna girdi ve hüzünlü, gözü yaşlı halde oturdu. Haya dilini bağlamıştı. Rasûlullah (sallallâhu aleyhi ve sellem) halini anladı ve "Seni ağlatan nedir?" diye sordu. Osman (radıyallâhu anh) "Ya Rasûlallah! Seninle hısımlığım sona erdi. Rukiyye ve Abdullah vefat etti" dedi.

Soru: Rasûlullah (sallallâhu aleyhi ve sellem) ne cevap verdi?

Cevap: Rasûlullah (sallallâhu aleyhi ve sellem) mübarek elini O'nun göğsüne sürdü ve bu O'nun yanmakta olan yüreğini soğuttu ve ferahlattı. Sonra Rasûlullah (sallallâhu aleyhi ve sellem) "Seni kızkardeşi Ummü Gülsüm ile evlendiriyorum. On kızım olsa yine aynısını yaparım." buyurdu.

İşte O'nun asırlar boyunca Zinnureyn (iki nur sahibi) lakabıyla anılması ve tanınması buradan gelmektedir.

Tüm İnsanlık, beşeriyet ve halklar tarihinde bir Peygamberin iki kızıyla evlenen başka biri yoktur.

Soru: Hz. Osman (radıyallâhu anh) Uhud savaşında firar etti mi? Neden? Rasûlullah (sallallâhu aleyhi ve sellem) O'na kızdı mı?

Cevap: Sahâbîlerin hepsinin kılıç ve mızrak ehli, dövüşçü ve savaşçı olduğunu sananlar hata etmektedirler. Her birinin üstün olduğu bir yön vardır. Hz. Osman (radıyallâhu anh) da kendi alanı olan fedakarlık, özveri ve infakta öndeydi. Zenginlik ve servette O'nunla aynı olanlar dahil, O'nu bu hususta hiç kimse geçememiştir. Ama bu insan savaşçı biri değildi.

Uhud günü olanlar olup durum tersine dönüşünce Rasûlullah'la (sallallâhu aleyhi ve sellem) onu aşmayan çok sayıda kişi sebat etti. Bunlar O'nunla (sallallâhu aleyhi ve sellem) birlikte Uhud dağına çıktılar. Rasûlullah (sallallâhu aleyhi ve sellem) yaralandı ve mübarek kanı aktı. İnsanların çoğu, özellikle Rasûlullah'ın (sallallâhu aleyhi ve sellem) vefat ettiği şaiasını duyunca sarsıldılar ve kaçtılar. Tek kaçan Hz. Osman (radıyallâhu anh) da değildi! Kaldı ki Allah (c.c.) hepsini de affetmiştir: "(Uhud'da) iki ordu karşılaştığı gün, sizi bırakıp gidenleri, sırf işledikleri bazı hatalar yüzünden Şeytan (yerlerinden) kaydırmıştı[85]. Yine de Allah onları affetti. Çünkü Allah, çok bağışlayıcıdır, halîmdir" (Âl-i İmran: 155).

Soru: Hz. Osman (radıyallâhu anh) Hudeybiye günü Rıdvan biatına neden katılmamıştır?

Cevap: Rasûlullah (sallallâhu aleyhi ve sellem) Hudeybiye günü Mekke'ye giderek Kureyş'in eşrafına ve liderlerine buraya neden geldiklerini kendi adına haber vermesi için Hz. Ömer'i (radıyallâhu anh) yanına çağırdı. Zira Rasûlullah (sallallâhu aleyhi ve sellem) umre, ziyaret ve Beytu'l-haram'a (Kâbe'ye) tazim için gelmişti. Ömer (radıyallâhu anh) "Ya Rasûlallah! Ben Kureyşlilerin bana zarar vermelerinden korkuyorum; çünkü Mekke'de Beni Adiyy oğullarından beni koruyacak hiç kimsem yok. Kureyşliler de benim onlara düşmanlığımı ve katılığımı biliyorlar. Ancak ben sana benden daha güçlü birini söyleyeyim: Osman b. Affan." dedi. Bunun üzerine Rasûlullah (sallallâhu aleyhi ve sellem) Ebû Süfyan ve Kureyş eşrafına elçi göndermek üzere Hz. Osman'ı (radıyallâhu anh) yanına çağırdı ve bu görevle görevlendirdi. O da itaat ederek yola koyuldu.

---

85 En doğrusunu Allah bilir, zannımızca "işledikleri bazı hatalar yüzünden Şeytan'ın kaydırdığı kimseler" okçular tepesinde beklerken, Şeytan'ın ganimetle aldatıp tepeden indirmeye çalışması sonucu tepeden inenlerdir. Hezimet de buradan gelmiştir.

Soru: Rasûlullah (sallallâhu aleyhi ve sellem) olmadan Kâbe'yi tavaf etmeyi kabul etti mi?

Cevap: İlk karşılaştığı kişi Eban b. Said b. As idi. O, Osman'ı (radıyallâhu anh) alıp yanına, koruması altında Kureyşlilere götürdü. Hz. Osman (radıyallâhu anh) mesajı iletince onlar gelişine sevindiler ve "Kâbe'yi tavaf etmek istersen et" dediler. O ise "Rasûlullah (sallallâhu aleyhi ve sellem) etmedikçe ben tavaf etmem" dedi. Sonra Kureyşliler onu iki gün - bir rivayete göre üç, bir rivayete göre de on gün - yanlarında alıkoydular. İnsanlar arasında Kureyşlilerin Osman'ı (radıyallâhu anh) öldürdüğü söylentisi yayılmaya başladı. Bu asılsız haber yayıldıkça yayıldı ve herkese ulaştı. Bunun üzerine Rasûlullah (sallallâhu aleyhi ve sellem) Osman'ın (radıyallâhu anh) intikamını almak üzere biat etmeleri için sahâbeleri topladı. Sayıları bin dört yüz idi. Rasûlullah (sallallâhu aleyhi ve sellem) bir ağacın altında oturuyor, sahâbîler de teker teker yanına gelip biat ediyor, sonra oradan ayrılıyorlardı. Rasûlullah (sallallâhu aleyhi ve sellem) mübarek sağ elini sol elinin üzerine koydu ve "Allahım! Bu biat Osman içindir. O şimdi sana ve Rasûl'üne ihtiyaç duyuyor" dedi.

Soru: Hz. Osman (radıyallâhu anh) vahiy kâtiplerinden miydi?

Cevap: Abdurrahman b. Avf'ın kızı Fatıma, annesinden şöyle nakleder: Amcalarımdan biri beni Hz. Âişe'ye göndererek O'na "Evlatlarından biri sana selam söylüyor ve Osman b. Affan hakkında soruyor; çünkü bazı insanlar O'na sövüyorlar" dememi istedi" deyince Âişe "Allah, O'na lanet edene lanet etsin. Vallahi bir defasında Rasûlullah'ın yanındaydı ve Rasûlullah (sallallâhu aleyhi ve sellem) sırtını bana yaslamıştı. Cebrail (a.s.) Rasûlullah'a (sallallâhu aleyhi ve sellem) Kur'an'ı vahyediyor, Rasûlullah da (sallallâhu aleyhi ve sellem) "Yaz Ey Osmancık!" diyordu. Allah (c.c.) bu şerefi ancak kendisi ve Rasûlü katında değerli birine nasip eder." dedi[86].

Soru: İnfaklarından biri de Ruma kuyusunu kazdırmasıdır. Bu nasıl olmuştur?

Cevap: Hicazda su azalmıştı. Medine de bundan nasibini almıştı ve bazı su kaynakları kurumuştu. İnsanlar susuzluktan muzdariptiler. Medine'nin Akik mahallesindeki bir Yahudinin bol ve tatlı suyu bulunan "Rume kuyusu" adında bir kuyusu vardı. "Bu kuyu ne güzeldir, Mizni'nin kuyusu" buyurdu. Sonra "Kim Rume kuyusunu satın alırsa ona cennet vardır." buyurdu. Bunun üzerine Osman (radıyallâhu anh) hemen harekete geçti ve Yahudiyle pazarlık yaptıktan sonra kuyunun yarı hissesini yirmi bin dirheme satın aldı ve Müslümanlara vakfetti. Yahudi daha önce buradan kazandığı parayı artık kazanamadığını görünce Osman'a (radıyallâhu anh) diğer yarısını da sattı. Osman (radıyallâhu anh) hepsini Müslümanlara vakfetti ve böylece Müslümanlar çektikleri sıkıntıdan kurtuldular. Osman (radıyallâhu anh) da ahiret karşılığında dünyayı satmakla kazançlı bir alış-veriş yapmış oldu.

Soru: Tebuk gazvesi için "zorluk ordusu" denen ordu nasıl hazırlandı? Rasûlullah (sallallâhu aleyhi ve sellem) Hz. Osman (radıyallâhu anh) hakkında ne buyurdu?

Cevap: Mevsim yaz, yıllardan kurak bir yıldı. Ordunun sayısı otuz bine ulaşmıştı. Gerçekten büyük zorluklar vardı. Onun için Rasûlullah (sallallâhu aleyhi ve sellem) ashabını yanına çağırdı ve onları infaka, cömertliğe ve fedakarlığa çağırdı. Bunun üzerine Ebû Bekir tüm malını -dört bin dirhem- Rasûlullah'ın (sallallâhu aleyhi ve sellem) kucağına koydu

---

86 Ahmed b. Hanbel ve Hâkim rivayet etmiştir.

ve "Malımın tümü budur Ya Rasûlallah!" dedi. Rasûlullah (sallallâhu aleyhi ve sellem) "Ailene ne bıraktın?" diye sordu. Ebû Bekir (radıyallâhu anh) "Onlara Allah ve Rasûlü'nü bıraktım" dedi. Ömer (radıyallâhu anh) de malının yarısını infak etti. Osman (radıyallâhu anh)'dan daha az zengin olmayan Abdurrahman b. Avf da 200 Uvkiye getirdi. Asım b. Adiyy 70 yük hurma infak etti. Sıra Osman (radıyallâhu anh)'a gelmişti. O da 900 deve ve 50 at vererek ordunun üçte birini teçhiz etti ve ayrıca bin dinar altını getirip Rasûlullah'ın (sallallâhu aleyhi ve sellem) kucağına koydu. Rasûlullah (sallallâhu aleyhi ve sellem) elinde parayı evirip çevirdi ve "Osman (radıyallâhu anh)'a bugünden sonra yaptığı hiçbir şey zarar vermez" buyurdu. Yine bir sözünde "Kim zorluk ordusunu teçhiz ederse (teçhizde katkıda bulunursa) ona cennet vardır" buyurdu. İnfak eden ve yardımda bulunan herkes Rasûlullah'ın (sallallâhu aleyhi ve sellem) duasının bereketinden nasiplendi, ama en çok nasiplenen de Osman (radıyallâhu anh) idi.

Soru: Hz. Osman (radıyallâhu anh)'ın ibadet ve ilmi nasıldı?

Cevap: Fakihler Osman (radıyallâhu anh)'ın Hacc'ı en iyi bilen sahâbî olduğunda müttefiktirler ve ardından Abdullah b. Ömer (radıyallâhu anh) gelir. Yine Osman (radıyallâhu anh) sahâbelerden Kur'an'ı en çok okuyandı ve en iyi ezbere bilenlerdendi.

Rivayete göre gecenin tümünü ibadetle geçirir ve bir rek'atta Kur'an'ın tümünü okurdu.

Şehid edildiğinde hanımı Karafisa kızı Naile "Onu öldürdünüz. Vallahi O geceyi ibadetle geçirir, Kur'an'ın tümünü bir rek'atta okurdu" dedi.

Tabiinden Atâ b. Rebah'tan şöyle rivayet edilmiştir: "Osman Hacda insanlara namaz kıldırdı. Sonra Makam-i İbrahim'in arkasına geçti ve bir rek'at olarak kıldığı vitir namazında Kur'an'ın tümünü bitirdi. O yüzden namazına "dışarıyla ilişiği kesik (namaz)" anlamında "betra" denildi.

Şehid edildiği yıl hariç hilafetinin her yılında insanlarla haccetti. Hacca Rasûlullah'ın (sallallâhu aleyhi ve sellem) eşlerini de götürürdü.

Soru: Hz. Osman (radıyallâhu anh), Hz. Rasûlullah (sallallâhu aleyhi ve sellem) vefat ettiği gün Medine'de değil miydi?

Cevap: Hz. Osman (radıyallâhu anh) alış verişte nasipli ve eli bereketli biri, dürüst bir tüccardı. Giden gelen ticaret kafilelerinin başında gittiği çok olurdu. Rasûlullah'ın (sallallâhu aleyhi ve sellem) ölüm döşeğine düştüğü hastalığında da tevafuken bu yolculuklarının birindeydi; onun için vefatında ve defninde bulunamadı. Bu O'nu çok üzdü. Dönünce kabrinin başında saygıyla durup ağladı, O'na salat ve selam okudu.

Soru: Hz. Osman (radıyallâhu anh)'ın, Hz. Ebû Bekir'in (radıyallâhu anh) hilafetindeki yaşantısı nasıldı?

Cevap: İbn Abbas'tan (radıyallâhu anh) şöyle rivayet edilmiştir: Ebû Bekir (radıyallâhu anh) zamanında kıtlık çektiler ve aç kaldılar. Hz. Ebû Bekir "Akşama çıkmadan Allah (c.c.) sizin bu sıkıntınızı giderecektir." dedi. Sabah olunca müjdeci gelerek "Osman'ın bin deve yükü buğday ve yiyeceği geldi" dedi.

Tüccarlar Osman (radıyallâhu anh)'ın evine gelip, kapıyı çaldılar. Hz. Osman (radıyallâhu anh) üzerinde, iki omzuna atmış olduğu yatak çarşafıyla çıktı. "Ne istiyorsunuz?" diye sordu.

"Sana bin deve yükü buğday ve yiyecek geldiğini işittik. Bunları bize sat ki Medine fakirlerini rahatlatalım" dediler. "İçeri geçin"dedi. Sonra "Siz Şam'dan aldığım fiyatın üzerine ne kadar verebilirsiniz?" dedi. "Ona aldığını on ikiye alırız" dediler. Hz. Osman (radıyallâhu anh) "Başkaları daha fazla verdi" dedi. "Ona aldığını on dörde alırız" dediler. Hz. Osman (radıyallâhu anh) "Başkaları daha fazla verdi" dedi. "Ona aldığını on beşe alırız" dediler. Hz. Osman (radıyallâhu anh) "Bana daha fazlasını verdiler" deyince tüccarlar "Sana daha fazlasını kim verdi ki? İşte Medine'nin tüccarları bizleriz"dediler. "Her bir dirheme on verdiler. Aranızda daha artıracak var mı?" dedi. "Hayır" dediler. Hz. Osman (radıyallâhu anh) "Ey tüccarlar, sizi şahid tutuyorum ki bunları Medine fakirlerine sadaka veriyorum"dedi.

Soru: Hz. Osman (radıyallâhu anh)'ın Ömer'in (radıyallâhu anh) hilafet döneminde yaşamı ve konumu nasıldı?

Cevap: Osman (radıyallâhu anh) bu dönemde kendisine danışılan, görüşü alınan, seçkin, yönetime yakın öncü tabakadandı. Rasûlullah'a (sallallâhu aleyhi ve sellem) yakınlığından dolayı Hacc ibadetini en iyi bilen sahâbeleiden olması sebebiyle özellikle Hacc hususunda görüşüne başvurulur, danışılırdı.

Soru: Kıtlık yılında ne yaptı?

Cevap: Daha önce geçtiği gibi bu yıl genelde tüm insanlar, özelde Hicazlılar için en zor ve sıkıntılı yıllardandı. Zira insanlar bunda kıtlık, kuraklık ve erzak azlığının acısını tattılar. Osman (radıyallâhu anh) kendisine lutfedilen iyilik etme ve sadaka verme sevgisi, kalp yufkalığı tabiatıyla bu kıtlıkta da Allah'ın (c.c.) kendisine verdiği nimetlerden bol bol dağıtmaktan geri durmadı.

Dürüst yakınlarının şahitliğine göre O, insanların yardımlarına ve imdatlarına en hızlı koşan kimseydi. Bunları, Allah (c.c.) katındaki sevabı kazanma şuuruyla yapıyordu.

Hz. Ali (radıyallâhu anh) der ki: "Osman (radıyallâhu anh) akrabalarıyla sıla-i rahimde en önde olanımız, Rabb'den en korkanımızdı".

Soru: Hz. Ömer'in (radıyallâhu anh), aralarından bir halife seçmeleri için belirlediği altı kişilik şura heyeti nerede toplandı?

Cevap: Altı kişiden beşi, Osman, Ali, Zübeyr, Sa'd b. Ebi Vakkas, Abdurrahman b. Avf Misver b. Mahreme'nin evinde toplandılar. Kapının bekçiliğini Ebû Talha yaptı. Şura heyetinden Talha Medine'de değildi ve ikinci günden itibaren katıldı.

Söz uzayıp sesler yükseldiği bir vakitte Talha içeri girdi ve "Ben her birinizin bu işten kaçtığını sanıyordum, elde etmek için yarıştığınızı değil" dedi. Bunun üzerine sakinleştiler.

Soru: Talha (radıyallâhu anh), Hz. Osman (radıyallâhu anh) ile Ali (radıyallâhu anh) hakkında ne dedi?

Cevap: Abdurrahman b. Avf kendi hakkından vazgeçtiğini ve çekileceğini söyledi. Kabul ettiler. Sonra onlara, sayının azalması için kalanlardan her birinin hakkını diğerine vermesini, sonra seçimi kendisine bırakmalarını teklif etti. Onu da kabul ettiler. Zübeyr hakkını Ali'ye, Talha hakkını Osman'a bıraktı. Sa'd da durumunu Abdurrahman b. Avf'a havale etti.

Böylece geride sadece Osman ile Ali kaldı. Abdurrahman b. Avf "Sizden hakkını kim diğerine bağışlamak ister. Ta ki ona göre diğerine biat edelim" deyince ikisi de sustu.

Soru: Hakkından ilk vazgeçen kim oldu?

Cevap: Abdurrahman b. Avf hakkından ilk vazgeçen kimseydi. Böylece bu işten ayrıldı. Onun için de O'nu aralarında merci ve hakem yaptılar.

Soru: Kendi aralarındaki meseleyi çözmeyi de O'na havale ettiler mi?

Cevap: Bazıları haklarından vazgeçtikten sonra hepsi Abdurrahman b. Avf'ı hakem yapmakta ittifak ettiler. Kendisi aralarındaki tartışma ve konuşmayı idare seviyesinde ve konumundaydı. Hepsi de O'ndaki doğruluk ve emanete güveniyordu. O da hiç kimseye taraflı davranmıyor, İslâm ve Müslümanların maslahatını gözetiyordu. O'nun bundaki metodu ve yolu Allah'ın Kitabı,Rasûlullah'ın sünneti ve iki halife Ebû Bekir ile Ömer'in yoluydu.

Soru: Meselenin Hz. Osman (radıyallâhu anh) ve Hz. Ali (radıyallâhu anh) ile sınırlanmış olması nelere yol açtı?

Cevap: Bunlardan birinin diğeri için hakkından vazgeçmemesi ve meselenin ikisi ile sınırlanması Abdurrahman b. Avf'ı (radıyallâhu anh) zor duruma soktu; çünkü ikisi de Rasûlullah'ın (sallallâhu aleyhi ve sellem) damadıydı. İkisi de İslâm'a ilk girenlerden, O'na hizmet edenlerden, tüm gayret ve çabalarını, mal ve canlarını ortaya koyanlardandı. Rasûlullah (sallallâhu aleyhi ve sellem) bu dünyadan her ikisinden de razı bir halde göç etmişti. Ve her ikisi de cennetle müjdelenenlerdendi.

Abdurrahman b. Avf düşündü, taşındı, sonunda bir karara vardı.

Soru: Hz. Ali'ye ne dedi, O ne cevap verdi?

Cevap: Yalnızken Hz. Ali'ye "Seni halife olarak görev-lendirmezsem bana kimi önerirsin?" diye sordu, Hz. Ali (radıyallâhu anh) "Osman'ı" dedi. Bu cevabla Abdurrahman b. Avf (radıyallâhu anh) biraz rahatladı. Mesele biraz daha netleş-miş ve daha kolaylaşmıştı.

Soru: Hz. Osman'a (radıyallâhu anh) ne dedi, O ne ce-vap verdi?

Cevap: Sonra Hz. Osman'la yalnız kaldı ve ona da "Seni halife olarak görevlendirmezsem bana kimi önerirsin?" dedi. O da "Ali b. Ebi Talib'i" dedi. Abdurrahman b. Avf (radıyallâhu anh) daha da rahatladı.

Soru: Abdurrahman b. Avf (radıyallâhu anh) şuradaki-lerin birbirleri hakkındaki düşüncesiyle yetindi mi, ne yaptı?

Cevap: Abdurrahman b. Avf (radıyallâhu anh) çıkıp insan-ların Ali ve Osman hakkındaki düşüncelerini yoklamaya ko-yuldu. Önder ve baş konumunda olan insanlara teker teker, fertlere veya ikişer veya daha kalabalık insanlara toplu veya dağınık gruplara gizliden veya açıkça görüşlerini soruyordu. Hatta çarşaflı kadınlara, merkeplerdeki çocuklara, Medine'ye gelen yolculara ve bedevilere sordu.

Üç gün üç gece süren bu yoğun araştırması sonucunda herkesin Hz. Osman'ın öncelikliğinde müttefik oldukları sonu-cuna vardı. Bu hususta sadece Ammar b. Yasir ile Mikdad'ın Abdurrahman b. Avf'a Hz. Ali'yi tavsiye ettikleri rivayet edil-mektedir.

Soru: Abdurrahman b. Avf insanları Mescidde topladı mı, ne söyledi?

Cevap: Abdurrahman b. Avf bu komuoyu yoklamasını bitirince insanları namaz için Mescide çağırttı. Mescid insanlarla doldu. Sonra minbere çıktı. Uzunca durdu, bekledi ve uzun uzun dua ettikten sonra: "Ey insanlar! Ben emanetiniz hakkında size gizliden ve açıktan sorular sordum. Sizlerin Osman ile Ali arasında bir tercih yapamadığınız sonucuna vardım" dedi. Sonra "Kalk ey Ali!" dedi. Ali (radıyallâhu anh) kalktı ve minberin altında durdu. Abdurrahman b. Avf (radıyallâhu anh) elini tuttu ve "Allah'ın Kitabı, Rasûl'ünün sünneti ve Ebû Bekir ile Ömer'in uygulaması üzere (halifelik yapmak için) bana biat eder misin? (söz verir misin)" dedi. Ali: "Hayır. Ancak, güç ve takatim yettiği kadarıyla diyebilirim" dedi. Bunun üzerine Abdurrahman b. Avf elini çekti. Sonra Hz. Osman'a (radıyallâhu anh) "Kalk ey Osman!"dedi. Abdurrahman b. Avf (radıyallâhu anh) elini tuttu ve "Allah'ın Kitabı, Rasûl'ünün Sünneti ve Ebû Bekir ile Ömer'in uygulaması üzere (halifelik yapmak için) bana biat eder misin?" dedi. Osman (radıyallâhu anh) "Ederim" dedi. Bunun üzerine Abdurrahman b. Avf başını mescidin tavanına kaldırdı ve Hz. Ali'nin eli Hz. Osman'ın elinde olduğu halde üç defa "Allahım! İşit ve şahid ol" dedi, ardından "Allahım! Ben sırtımdaki yükü Osman'ın üzerine bırakıyorum" dedi. Bunun üzerine insanlar Osman'ın yanına akın ederek O'na biat ettiler. Öyle kalabalıktı ki,Osman (radıyallâhu anh) minberin altında adeta kayboldu.

Soru: Hz. Osman'a (radıyallâhu anh) biatın tarihi nedir?

Cevap: Hz. Osman'a Hicrî 23 yılının sonunda ve 24 yılına girerken, (yılın son ayı olan) Zilhicce ayının bitiminden bir gece önce, Pazartesi günü biat edildi.

Önde gelen insanlardan O'na ilk biat edenin Hz. Ali (radıyallâhu anh) olduğu söylenir.

Soru: Hz. Osman (radıyallâhu anh) konuşacağı zaman dili tutuldu mu? Neden? Konuşmasında ne söyledi?

Cevap: Hz. Osman (radıyallâhu anh) ilminin genişliğine ve konuşmasının düzgünlüğüne rağmen usta bir hatip değildi. Onun için konuşmak için insanların huzurunda durduğunda adeta dili tutuldu. Allah'a hamd-u sena ettikten sonra sadece şöyle söyledi: "İlk yolculuk zordur. Bugünden sonra başka günler var. Yaşarsam hitabelerim gerektiği gibi olacak. Biz hatipler değildik. Allah bize öğretecektir."

Soru: Hz. Osman (radıyallâhu anh) Hürmüzan'ın katili Ubeydullah b. Ömer'e ne yaptı?

Cevap: Osman'ın (radıyallâhu anh) hilafete geçtikten sonra karşılaştığı ilk problem Hürmüzan'ın katili Ubeydullah b.Ömer hakkında hüküm vermekti. Ubeydullah Mescide, Hz. Osman (radıyallâhu anh)'ın huzuruna getirildi. Hz. Osman (radıyallâhu anh) güvendiği bazı kimselere danıştı. Ali (radıyallâhu anh) O'nun öldürülmesi görüşünü söyledi; çünkü Hürmüzan'a Ömer (radıyallâhu anh) eman vermişti. Bu söz üzerine Amr b. As köpürdü ve "Dün Ömer, bugün de oğlu öldürülemez" dedi. Osman (radıyallâhu anh) sonunda bunu diyete bağlama görüşünde karar kıldı ve kendisinin Mü'minlerin emiri olması sebebiyle de diyeti Müslümanların beytü'l-malından ödemeyi üstlendi.[87]

---

87 Zaten Hz. Ömer'in öldürülmesinde Hürmüzan'ın Ebû Lü'lüe ile işbirliği yaptığı hususunda bir çok araştırma yapıldı ve böyle yaptığı tespit edildi.

Soru: Hz. Osman (radıyallâhu anh)**, Hz. Ömer'in** (radıyallâhu anh) **valilerle ilgili vasiyetini yerine getirdi mi?**

Cevap: Ömer (radıyallâhu anh) kendinden sonraki halifeye Sa'd b. Ebi Vakkas'ı Kûfe valiliğine tekrar atamasını vasiyet etmiş, "Ben onu kötü olduğu veya ihanet ettiği için azletmedim" demişti. Hz. Osman (radıyallâhu anh) bu vasiyeti yerine getirdi.

Ömer (radıyallâhu anh) yine valilerin kendinden sonra bir yıl boyunca yerinde bırakılmalarını vasiyet etmişti. Osman (radıyallâhu anh) bunu da uyguladı. Muğire b. Şu'be'yi bir yıl boyunca Kûfe valiliğinden almadı. Sonra O'nu alıp yerine Sa'd b. Ebi Vakkas'ı atadı. Sonra da O'nun yerine Velid b. Ukbe'yi getirdi.

Soru: Hz. Osman (radıyallâhu anh) **valilere ne yazdı?**

Cevap: Osman (radıyallâhu anh) vali ve kaymakamlara gönderdiği mektupta şöyle diyordu: "Allah yöneticilere "halkına karşı sorumlu çoban olma"yı emretmiş, zekat toplayıcı olmalarını emretmemiştir. Bu ümmetin ilkleri de çobanlık yapma, koruyup kollama üzerine yetiştiler, mal toplayıcı olarak yetişmediler. Ancak yöneticilerinizin halkın çobanları olmayıp zekat toplayıcıları olmaları yakındır. Böyle yaparlarsa haya, emanet ve vefakarlık yok olup gider. Şunu iyi bilin ki en iyi yönetim evvela Müslümanların ihtiyaçlarına ve görevlerine bakıp ihtiyaçlarını görmeniz ve vermekle sorumlu oldukları şeyleri almanız, ikinci olarak ehl-i zimmete bakıp onların haklarını vermeniz, vermeleri gerekeni almanızdır. Sonra da karşı karşıya bulunduğunuz düşmana bakmanız ve onlara ilk adımınızı vefakarlıkla atmanızdır."

Soru: Hz. Osman (radıyallâhu anh) komutanlara ve ordu kumandanlarına ne gönderdi?

Cevap: Onlara da şöyle yazdı: "İmdi...Siz Müslümanların himayecisi ve kendilerisiniz. Biz Ömer'in (radıyallâhu anh) size ne belirlediğini biliyoruz, hatta bunu herkesin ortasında söyledi. Sakın bana sizden herhangi bir şeyi dönüştürdüğünüz veya değiştirdiğiniz haberi ulaşmasın. Sonra Allah halinizi değiştirir ve sizi götürüp yerinize başkasını getirir. Siz, Allah'ın beni bakmakla ve yerine getirmekle sorumlu tuttuğu bu yönetim hususunda nasıl olacağınıza bakınız."

Soru: Haraç başkanlarına ne yazdı?

Cevap: "İmdi... Şüphesiz Allah mahlukatı bir hak ve gaye için yaratmıştır ve ancak hakkı kabul eder. Siz de hakkı alın ve hakkı hakkıyla verin. Aman emanete dikkat edin, emanete dikkat edin. Onu ilk kaldıran olmayın, sonra sizden sonrakilerin günahları size de yüklenir. Aman ahde vefa gösterin, vefakar olun; yetime de, ehl-i zimmete de zulmetmeyin; zira Allah onlara zulmedenin davacısıdır".

Soru: Genel halka da bir mektup gönderdi mi? Anlamı ne idi?

Cevap: Sonra halka şu mektubu gönderdi: "İmdi...Siz ulaştığınız her şeye (İslâm'a) uymak ve tabi olmakla ulaştınız. Sakın dünya sizi bu halden çevirmesin. Çünkü bu, şu üç şey üzerinde ittifaktan sonra hurafelere yol açar: Nimetlerin eksiksiz oluşu, evlatlarınızın köle ve cariyelere (ganimete) sahip olması ve bedevilerle Acemlerin Kur'an öğrenmeleri. Çünkü Rasûlullah (sallallâhu aleyhi ve sellem) "Küfür Acemlikte (Kur'an'dan ve dilinden bihaber olmakta) dır; zira bu kimseler bir şeye acem (cahil) kalırlarsa kendilerinden bir şey üretmeye kalkarlar ve hurafeler türetirler" buyurdu."

Hz. Osman'ın yöneticiler ve halkı yönetmedeki metodu buydu. Yönetim ve idaredeki bu yöntem asırlar geçmesine rağmen hala siyasetteki en seviyeli ve en iyi metoddur.

Soru: Osman (radıyallâhu anh) insanların maaşlarına zam yaptı mı?

Cevap: Hayır ve bereket arttı, haracın miktarı yükseldi ve hazineye mal aktı. Hz. Osman (radıyallâhu anh) da Ömer'in (radıyallâhu anh) daha önce belirlediği maaşlara zam yaptı. Yeni doğmuş bebeklere günlük bir dirhemi iki dirheme yükseltti. Rasûlullah'ın (sallallâhu aleyhi ve sellem) eşlerinin maaşlarını da yükseltti. Bazıları buna itiraz ettiler ve "Bir yemek yaptırsan da insanları davet etsen" dediler. Ancak çok hayalı ve insanların açık ve kusurlarını örtmede dikkatli olan Hz. Osman (radıyallâhu anh) "Bilakis insanları evlerinde doyuracağım" dedi.

Soru: Ramazan ayında "Rahman'ın sofrası" adındaki iftar sofralarını ilk açan Hz. Osman (radıyallâhu anh) mıdır?

Cevap: Hz. Osman (radıyallâhu anh)'ın güzel amellerinden biri O'nun bu iftar sofralarını camilerde[88] kuran ilk kimse olmasıdır. Bu sofralar hakkında O' "Bu camide kalıp ibadet eden, yolcu ve garibanlar içindir" demiştir.

Soru: Hz. Osman (radıyallâhu anh), Sa'd b. Ebi Vakkas'ı (radıyallâhu anh) Kûfe valiliğinden neden azletmiştir?

88　Yani riya ve gösteriş için kaldırımlarda, ev ve işyerlerinin önünde değil, caminin avlusunda.

Cevap: Sa'd b. Ebi Vakkas (radıyallâhu anh) Abdullah b. Mesud (radıyallâhu anh)'a beytü'l-maldan bir mal vaadinde bulundu, ancak Sa'd bunu ödeyemedi. Abdullah b. Mesud (radıyallâhu anh) her istediğinde ödeyemeyeceğini belirtti ve araları açıldıkça açıldı. Öyle ki mesele tüm halk tarafından duyuldu. Oysa ikisi de Rasûlullah'ın sahâbesi, ikisi de önder konumunda kimselerdi. Bunun üzerine Osman (radıyallâhu anh) Sa'd b. Ebi Vakkas'ı (radıyallâhu anh) görevinden alıp yerine Velid b. Ukbe'yi atadı. Abdullah b. Mesud (radıyallâhu anh)'u ise azletmedi.

Soru: Hz. Osman (radıyallâhu anh), Sa'd b. Ebi Vakkas'ı (radıyallâhu anh) Kûfe valiliğinden neden azledince yerine kimi getirmiştir?

Cevap: Velid b. Ukbe Ömer'in Cezire'deki temsilcisiydi. Osman (radıyallâhu anh) Sa'd'ı görevden alınca Kûfe valiliğine Velid'i getirdi. Velid, Hz. Osman (radıyallâhu anh)'ın yakınlarından önemli göreve bir getirdiği ilk kişidir. Zira O Hz. Osman (radıyallâhu anh) gibi Ümeyye oğullarındandı.

Soru: Hz. Osman (radıyallâhu anh) akrabalarını seviyor, onları önde tutuyor muydu?

Cevap: Evet... Bu İslâm'da emredilen sıla-ı rahim kabilindendi. Bunu tamamen kendi heva ve hevesine göre de yapmıyor, ehil ve işin üstesinden gelebilecekleri seçiyordu. Bu hususta Hz. Osman (radıyallâhu anh)'a söylenecek bir söz yoktur; çünkü Hz. Ali'nin (radıyallâhu anh) söylediği gibi Rasûlullah da (sallallâhu aleyhi ve sellem) Kureyşlileri başkalarına tercih ederdi.

Örneğin Velid yaşı küçük, genç delikanlıydı. Sa'd b. Ebi Vakkas (radıyallâhu anh) ise zedelenmişti.... Rasûlullah (sallallâhu aleyhi ve sellem) Mekke'nin fethinden sonra Mekke valiliğine yirmi yaşından küçük İtab b. Üseyd'i atamıştı. Üsame b. Zeyd'i on yedi yaşında ordunun komutanı yapmıştı.

Soru: İskenderiye nasıl elden çıktı? Tekrar nasıl fethedildi? Bu hangi yılda oldu?

Cevap: Ömer'in (radıyallâhu anh) şehadetinden ve Hz. Osman'ın (radıyallâhu anh) halife olmasından sonra, çağrılması üzerine, Mısır'da bin kişilik koruyucu birliği bırakıp, yerine de Abdullah b. Huzafe es-Sehmi'yi geçirerek Mısır'dan ayrıldı. Bunu fırsat bilen Rumlar İskenderiye'ye üç yüz kayıkla gelerek şehre saldırdılar. Halktan bazı kimselerin de yardımıyla şehri Müslümanların elinden aldılar. Oradaki Müslümanları öldürdüler, şehirde ve halk üzerinde terör estirdiler, yağmalama ve talan yaptılar, her şeyi darmadağın ettiler.

Bunun üzerine Hz. Osman (radıyallâhu anh), Amr'ı on bin kişilik ordunun başında Mısır'a gönderdi. Amr, surlarını yıkmaya and içerek sür'atle geldi ve şehri kuşattı. Şiddetli çatışmalar sonunda şehir üzerinde hakimiyeti ele geçirdi. Yeminini yerine getirmek için mancınıkları hazırlattı ve surlara vurdurup yıktırdı. Şehri zorla aldığından topraklarına cizye, halkına haraç yükledi.

Bu, Hicrî 26 yılının yazında, Mîlâdî 646 yılında gerçekleşti.

Osman (radıyallâhu anh) daha sonra Amr'ı Mısır valiliğinden azletti ve yerine kendisinin süt kardeşi Abdullah b. Sa'd b. Ebisserah'ı[89] getirdi.

---

89 Müslüman oldu, sonra irtidat etti. Rasûlullah (sallallâhu aleyhi ve sellem) Mekke'nin fethi gününde kanının dökülmesini helal etti. O da Osman (radıyallâhu anh)'ın yanında saklandı. Osman (radıyallâhu anh) O'nun için Rasûlullah'tan af diledi, O da (sallallâhu aleyhi ve sellem) affetti. Abdullah tekrar İslâm'a girdi ve iyi bir müslüman oldu. Savaşçı ve üstünlüğü kabul edilen bir komutandı.

Soru: Peki... Ermenistan ve Azerbaycan neden kaybedildi?

Cevap: Sa'd b. Ebi Vakkas (radıyallâhu anh) Kûfe valiliğinden alınıp yerine Velid b. Ukbe getirilince, Utbe b. Ferkad es-Silmi de Ermenistan ve Azerbaycan valiliğinden alındı. Bu iki bölgenin halkı bunu fırsat bilerek andlaşmayı bozdular ve ikisindeki sayıları on bini bulmayan koruyucu askerleri etkisiz hale getirerek oradan çıkardılar.

Soru: Kûfe valisi Velid b. Ukbe buraları tekrar nasıl aldı? Halkıyla ne üzere anlaştı?

Cevap: Bunun üzerine Velid güçlerini toplayarak üzerlerine yürüdü. Askerlerin sayısı kırk bin, öncü birliğin komutanı Selman b. Rebia el-Bahili idi. Bu arada yol kenarlarındaki bölgelerinde temizlik operasyonu yapmak istedi. Bunun için Abdullah b. Ahmesi'nin emrine dört bin asker verdi. Abdullah Suman, Nir ve Taylasan halkı üzerine saldırılar düzenledikten sonra gelip Velid'in ordusuna katıldı.

Velid Azerbaycan'a vardı ve burayı fethettikten sonra halkla önceki şartlar üzere sulh yaptı. Bundan sonra da Azerbeycan halkı her yıl sekiz yüz bin dirhem ödeyeceklerdi.

Selman b. Rebia'yı da on iki bin kişilik orduyla Ermenistan'a gönderdi. O da Ermenistan'ı yenilgiye uğratıp ele geçirdi. Böylece Asya'nın ortasındaki bu iki ülke İslâm hakimiyeti.ne tekrar girdi

Soru: Şam valisi Muaviye b. Ebi Süfyan halifeden neden yardım istedi? Osman (radıyallâhu anh) ne yaptı? Destekçi ordunun komutanı kimdi? Bir zafer elde ettiler mi?

Cevap: Muaviye Mü'minlerin emiri Osman (radıyallâhu

anh)'a Rumların yığınak yaptıklarını ve Şam'a hücum etmek için hazırlandıklarını haber verdi ve O'ndan yardım ve destek istedi.

Bunun üzerine Osman (radıyallâhu anh) Ermenistan ve Azerbaycan'dan yeni dönen Velid'e şöyle yazdı: "İmdi... Muaviye b. Ebi Süfyan bana Rumların Müslümanlara büyük kalabalıklar hazırladığını belirten bir mektup gönderdi. Ben de onlara Kûfe'li kardeşlerinin yardımını uygun gördüm. Mektubum ulaşınca, elçimin sana ulaştığı yerden gücüne, yamanlığına, cesaretine ve İslâmına güvendiğin birini sekiz veya dokuz ya da on bin kişilik orduyla onlara gönder. Selam."

Velid insanları camide topladı ve onlara konuşma yaptı. Cihada teşvik etti ve Mü'minlerin emirinin mektubunu okudu. Bunun üzerine sekiz bin kişilik ordu toplandı. Velid bunları Selman b. Rebia komutasında Şam'a gönderdi. Bunlar, Habib b. Mesleme el-Fehri komutasındaki Şam ordusuyla birleştiler. Rumların hücumlarına karşı koydular ve onlardan köle ve ganimet ele geçirdiler. Topraklarına daldılar ve pekçok kale ve şehri fethettiler. İlerleyerek Taberistan'a kadar ulaştılar. Orada Kazvin denizinin doğu yakasındaki Müslümanlarla irtibata geçtiler. Bu, kısa zamanda elde edilen büyük bir zaferdi.

Soru: Hz. Osman (radıyallâhu anh) Amr b. Âs'ı Mısır valiliğinden neden azletti? Yerine kimi geçirdi?

Cevap: Hz. Ömer (radıyallâhu anh) zamanında Mısır valisi Amr b. Âs idi. Ömer (radıyallâhu anh) halifeliğinin son yıllarında Mısır'dan gelen haracı az buldu[90] ve Amr'a, O'nu azarlayan bir mektup gönderdi. Sonra haraç başkanlığına Abdullah b. Sa'd b. Ebi Serah'ı atadı ve Amr b. Âs'ı sadece savaş komutanı

---

90 Amr Roma döneminde alınan vergileri hafifletmişti.

olarak bıraktı. Ancak bunlar anlaşamadılar ve birbirlerini şikayet ettiler. Bunun üzerine Osman (radıyallâhu anh) Amr'ı savaş komutanlığından da aldı ve Abdullah b. Sa'd'ı Mısır'ın mutlak yetkilisi yaptı ve O'nu Medine'ye çağırdı.

Soru: Aralarındaki sorun ne idi? Neden?

Cevap: Her biri Osman (radıyallâhu anh)'a diğerinin kendi yetkilerini kısıtladığını iddia eden mektuplar gönderiyordu. Biri "O benim savaş alanımı daraltıyor", diğeri "O benim haraç yetkimi daraltıyor" diyordu.

Amr Mısır'a gelince Osman (radıyallâhu anh) ile arasında şiddetli tartışmalar cereyan etti. Çünkü Osman (radıyallâhu anh) O'nu haraç toplamakta gevşek davranmakla suçladı. Oysa Amr Mısırlılardan yükü hafifletmek istiyordu.

Soru: Mısırlıların haraç miktarının yükseltilmesi nelere yol açtı?

Cevap: Abdullah'ın tekrar zam getirdiği vergi arazilere değil şahıslaraydı. Zira her şahıs başına bir dinar koydu. Bu ise insanlarda büyük zarara ve sıkıntıya yol açtı. Mısırlıların o dönemde çetin zorluklar yaşadığı söylenir. Mısır'dan gelen vergi o kadar çoktu ki 14 milyon dinara ulaşıyordu.

Oysa İslâm Mısır'a girdiğinden bu yana Mısırlılar böyle sıkıntılar görmemişlerdi.

Soru: Hz. Osman (radıyallâhu anh) Abdullah'a (radıyallâhu anh) ne emretti ve O'na ne vaadde bulundu?

Cevap: Osman (radıyallâhu anh) Abdullah'a, Rumların hala kıyı boyunca mevcut ve güçlü olduğu, Afrikya denen kuzey Afrika'yı fetih için oraya yönelmesini emretti. Onlarla Roma arasında deniz vardı ve Romalılar adamları ve mühimmatlarıyla destekledikleri donanmalarıyla orası üzerinde hala hakimdiler. Aynı zamanda burası stratejik önemi itibariyle Mısır'daki İslâm varlığına da tehdit teşkil ediyordu.

Osman (radıyallâhu anh) Abdullah'a elde edilecek ganimetin humusunun (beşte biri) beşte birini O'na vereceğini vaat etti ve O'na Medine'den cesur asker ve komutanlar göndererek destek verdi.

Soru: Bu orduya neden Abdullahlar ordusu dendi? Asker sayısı kaçtı?

Cevap: Komutanlarının pekçoğunun isminin Abdullah olmasından dolayı bu orduya bu isim verilmiştir. Bunlardan bazıları şunlardı:

Abdullah b. Abbas, Abdullah b. Ömer, Abdullah b. Amr b. As, Abdullah h. Cafer b. Ebû Talib. Ayrıca Hz. Ali'nin iki oğlu Hasan ile Hüseyin. Burka'da bunlarla, beraberindeki askerleriyle Ukbe b. Nafi karşılaştı. Bunlarla cihad için çıkmıştı ve İbn Ebi Serah komutasında bu orduya katıldı. Böylece o vakit Müslüman askerlerin sayısı kırk bine ulaştı.

Soru: Oradaki Rum kralı kimdi ve hakimiyeti nereden nereye uzanıyordu?

Cevap: O yöredeki Rum kralı Gergorios idi. Bunu Arap kaynakları Cercir diye anarlar. Trablus'tan Tanca'ya kadar Kuzey Afrika kıyısının tümü bunun hakimiyetindeydi.

Soru: Bu kral Müslüman ordusuyla savaşmak için nasıl hazırlandı?

Cevap: Gergorius Rumlardan oluşan askerî güçlerini topladı; sonra onlara bazı berber kabileleri ekledi ve savaşmak için ilerledi. Kaleleri ve surları bulunan Sabaytile'ye ulaşınca savaşa hazırlık yapmak üzere orada konakladı.

Soru: O vakit Müslüman güçlerin sayısı kaçtı ve Medine ile haberleşmeleri kesildi mi?

Cevap: Rivayete göre Müslümanların asker sayısı aslen sadece yirmi bindi ve fazla sayıya sonradan gelen yardımcı güçlerle ulaştı. Mısır'dan uzun süre uzak kaldılar ve Halife Osman (radıyallâhu anh)'a gelen haberler kesildi. Endişeye düşen halife etraflı araştırma sonucu onların karşılaştıkları sorunları öğrendi. Sonra onlara, durumlarını öğrenecek, gidişatlarıyla ilgili bilgi verecek ve yardım edecek kimseleri gönderdi.

Soru: Hz. Osman (radıyallâhu anh) durumlarını öğrenmesi için ardlarından kimi gönderdi?

Cevap: Osman (radıyallâhu anh) Abdullah b. Zübeyr'i hızlı ve pratik bir askerî birlikle gönderdi. Bunlar da önce Mısır'a, oradan Müslüman ordunun bulunduğu yere gittiler.

Soru: Abdullah b. Zübeyr oraya ulaşınca neler oldu? Rum kralına ne denildi?

Cevap: Abdullah b. Zübeyr ulaşınca Müslümanlar gür sesleriyle tekbir getirdiler, Kelime-i tevhid okudular. Onların bu gür seslerini işiten Rum kralı bunun sebebini sordu, "Müslümanlara yardım geldi" dediler.

Her iki tarafın saldırıları az ve dönüşümlüydü. Her biri diğerini gözetliyordu.

Soru: Abdullah b. Sa'd b. Ebi Serah savaşa girmekten neden çekindi? Abdullah b. Zübeyr O'na ne dedi?

Cevap: Kral Cercir, Abdullah b. Sa'd b. Ebi Serah'ın kellesini getirene yüz bin dinar vereceğini ve kızını onunla evlendireceğini vaad etti. Onun için Abdullah b. Sa'd b. Ebi Serah savaşa bizzat girecek değildi. Bilakis gruplar, birlikler ve kabilelerin komutanları yoluyla savaşa girecek, kendisi savaşı yönetmek ve idare etmekle yetinecekti. Bunu korku ve cesaretsizliğinden değil, askerin manevî moralini yıkmamak için yapacaktı. Çünkü komutan öldüğünde veya esir edildiğinde ordunun tümü zaafa uğrar ve yenilirdi.

Soru: Abdullah b. Zübeyr'in Abdullah b. İbn Ebi Serah'a önerdiği savaş taktiği ne idi? Meyvasını verdi mi?

Cevap: Abdullah b. Zübeyr Abdullah b. İbn Sa'd b. Serah'a şöyle dedi: "Bilakis sen de aynı ödülü koy: Cercir'in kellesini getirene yüz bin dinar verip kızınla evlendireceğini söyle (O'nun kızı da savaşçılığı ve güzelliğiyle ünlüydü). Savaş taktiği olarak da sana şu teklifte bulunuyorum: Yarın bir grup yiğit ve imanlı seçkin savaşçıyı tetikte olmak üzere çadırlarımızda bırakıp kalan askerlerle gidelim ve Rumlarla, onlar bıkana, yorulana kadar savaşalım. Sonra hem onlar hem Müslümanlar çadırlarına dönünce biz birden baskın düzenleyelim. Umulur ki Allah bize zafer nasip eder." Abdullah b. Sa'd b. Ebi Serah bu teklifi diğer komutanlara söyledi, onlar da güzel buldular.

Soru: Düşmanların yenilgisi nasıl gerçekleşti? Cercir öldürüldü mü?

Cevap: Ertesi günü sabahleyin Abdullah b. Sa'd b. Ebi Serah karar verilen şeyi yaptı. Cesur ve usta Müslümanlar savaşçılarını atlarıyla, eğerleri de üzerinde olmak üzere orada bırakarak diğer savaşçılarla oradan ayrıldı. Müslümanlar öğleye kadar Rumlarla ölesiye savaştılar. Her zaman olduğu gibi Rumlar çekilmek istediğinde Abdullah b. Zübeyr onlara fırsat vermedi ve savaşarak iyice yordu. Sonra karargâha döndü. Her iki taraf da silahlarını bıraktılar. Bu anda Abdullah b. Zübeyr çadırlardaki cesur ve güçlü süvarileri toplayarak Rumların üzerine yürüdü. Fark ettirmeden aralarına daldılar ve bir kişinin tek darbesi gibi bir ataklık darbe vurdular ve tekbir getirdiler. Rumlar silahlarını kuşanmadan Müslümanlar onları dört bir yandan kuşattılar.

Rumlar sonunda müthiş bir yenilgiye uğradılar. Onlardan çok sayıda asker öldürüldü. Cercir de öldürüldü; kızı esir alındı. Sonra Sabaytila şehri Müslümanların eline geçti. Müslümanlar burada büyük miktarda ganimet ele geçirdiler. O gün her bir süvarinin payı üç bin dinarı buldu.

Soru: Abdullah b. Sa'd b. Ebi Serah'ın Kuzey Afrika'daki savaşları ne kadar sürdü? Halkla kaça sulh yaptı? Zafer müjdesini Hz. Osman (radıyallâhu anh)'a kim götürdü?

Cevap: Abdullah b. Sa'd b. Ebi Serah'ın Kuzey Afrika'daki savaşları on beş ay sürdü. Birliklerini dört bir tarafa gönderdi. Hiçbir şehir ve kale bırakmadan hepsini fethetti. Sonunda Kafsa'ya ulaştı. Buranın halkı O'nunla iki milyon beş yüz bin dinara sulh yaptı. Tarih Hicrî 27 yılı idi.

Zafer müjdesini Medine'ye, Mü'minlerin emiri Osman (radıyallâhu anh)'a Abdullah b. Zübeyr (radıyallâhu anh) götürdü. Rivayete göre ganimetten alınan kralın kızı da Hz. Osman (radıyallâhu anh)'ın da onayıyla O'na düştü.

Soru: Şam valisi Muaviye b. Ebû Süfyan Kıbrıs'a sefer düzenlemek için Hz. Osman (radıyallâhu anh)'dan izin istedi mi? Neden? Bu ada nerededir?

Cevap: Kıbrıs adası Akdeniz'in en doğusunda, Şam sahilinin karşısında yer almaktadır. Bunun Rumların elinde kalması burasının askerî bir merkez olması sebebiyle Şam sahillerini fetheden Müslümanlara tehdit teşkil ediyordu. Bu yüzden Şam valisi Muaviye burasının fethedilip Müslümanların hakimiyetine geçmesi ve Rumların kovulmasının gerektiğini düşündü. Hz. Osman (radıyallâhu anh)'a mektup yazarak bunun için izin istedi, gerekçe ve sebeplerini açıkladı. Tarih Hicrî 28 idi.

Soru: Muaviye'nin Ömer (radıyallâhu anh) döneminde de böyle bir düşüncesi var mıydı? Ömer (radıyallâhu anh) neden karşı çıkıyordu?

Cevap: Muaviye (radıyallâhu anh) Ömer'e (radıyallâhu anh) daha önce bunun için izin istemiş; Ömer (radıyallâhu anh) O'ndan denizin ve gemilerin vasfını istemişti. Muaviye O'na şöyle yazmıştı: "Ben gördüm ki, koskoca gemilere az sayıda insan biniyor. Sadece gök ve su var. Gök gürlese kalp yerinden fırlıyor, gemi sağa sola meyletse akıl gidiyor. Orada sükunet az, endişe çok. İnsanlar bir odun parçası üzerinde harıl harıl çalışıyorlar. Bir hayvan saldırsa gemi denize batıyor. Deniz durgun olunca da ışık saçıyor."

Ömer (radıyallâhu anh) şu cevabı yazdı: "Muhammed'i hakla gönderene andolsun ki, orada hiçbir zaman hiçbir Müslümanı taşımayacağım. Bana ulaşan bilgiye göre Şam denizi yerküredeki en uzun toprak parçasına bakıyor ve her gün orasını suları altına almak için Allah'tan izin istiyormuş. Ben askerleri bu kâfirde nasıl taşıtırım. Tek bir Müslüman benim yanımda Rumların sahip olduğu her şeyden değerlidir. Bana bunu tekrar getirmekten sakın. Ala'nın benden nasıl cevap aldığını biliyorsun."

Soru: Hz. Osman (radıyallâhu anh) Muaviye'ye ne cevap verdi?

Cevap: Şöyle cevap verdi: "İnsanları ne seç ne de aralarında kur'a çek. Serbest bırak. Kim kendi isteğiyle savaşmayı tercih ederse onu denizde götür ve yardım et."

Soru: Bu deniz operasyonun komutanı kimdi? Hangi sahâbîler katıldılar? Ve bu hangi yılda oldu?

Cevap: Muaviye, Şam sahillerindeki denizcilere yaptırdığı donanmayı hazırladı ve bu askerî harekatın komutasına Abdullah b. Kays el-Harisi'yi getirdi. Buna şu seçkin ve eşsiz sahâbîler de katıldı: Ebû Zerr el-Gıffari, Ubade b. Samit, Ebû Derda, Şeddad b.Evs (Allah hepsinden razı olsun). Bu savaş da Hicrî 28 yılında gerçekleşti.

Soru: Milhan kızı Ümmü Haram'a (radıyallâhu anh) ne oldu?

Cevap: Ümmü Haram Ubade b. Samit'in hanımıdır. Kocasına eşlik etmek için savaşa O'nunla birlikte çıktı. Fetih nasip olup Müslümanlar Rumlara galip gelince ve adaya hakim olunca yapılan ganimet taksiminden O'na binmesi için bir binek düştü. Binince hayvan tekme attı ve O'nu yere düşürdü. Boynu kırılan kadın şehid oldu ve oraya defnedildi. Larnaka'daki mezarı hala mevcuttur; karşısında bir de cami vardır. Kabir "salih kadının mezarı" adıyla meşhurdur.

Soru: Abdullah b. Sa'd onlara yardım için Mısır'dan geldi mi? Halka ne kadar cizye belirlendi?

Cevap: Bu arada kayda değer bir husus da Abdullah b. Sa'd'ın (İbn Ebi Serah) yardım için Mısır'dan bir gemiyle oraya gelmesidir. Bunlar onlarla Kıbrıs'ta buluşmuşlar ve kardeşlerine yardım etmişlerdir.

Müslümanlar ile ada halkı arasındaki andlaşma gereği halk yıllık yedi bin dinar tutarında cizye ödeyeceklerdi. O vakitten itibaren de Rumlara, ne askerî karargah kurmaları için izin verecekler, ne lojistik destek sağlayacaklar, ne de savaşlarında onlara yardım edeceklerdi.

Soru: Hz. Osman (radıyallâhu anh) **Ebû Musa Eş'ari'yi** (radıyallâhu anh) **Basra valiliğinden neden azletti ve yerine kimi atadı?**

Cevap: Üzec[91] halkı ve kürtler isyan edip kâfir oldular. (İslâm dininden çıkarak mürted olmuşlardı.) Bunun üzerine Ebû Musa Eş'ari onları yola getirmek istedi ve onlarla savaşmak üzere toplanmaları için halka duyuru yaptı. Yaya da olsa herkesi buna katılmaya davet etti!

Ancak Müslümanlar çağrısına icabet etmediler ve Medine'ye gelerek O'nu Hz. Osman (radıyallâhu anh)'a şikayet ettiler. Hatta O'nun hakkında "Toprağımızı yiyip bitiren, bizde cahiliyye adetlerini dirilten bu köle kim? Aranızda bayağı insan yok mu ki onun makamını yükseltesiniz, fakir kimse yokmu ki onun yarasını sarasınız ey Kureyşliler? Bu Eş'arili herif tüm topraklarımızı yiyip bitirene kadar bekleyecek misiniz?"

Hz. Osman (radıyallâhu anh) bu yapay başkaldırının etkisinin çapını idrak etti ve Ebû Musa Eş'ari'yi (radıyallâhu anh) görevinden alıp yerine, yaşı 25 yaşını geçmeyen teyzesi oğlu Abdullah b. Amir'i geçirdi. O da mecbur kabul etti.

---

91 Üzec: Huzistan ile Asbahan arasında sarp dağlık bölgedir.

Osman (radıyallâhu anh) Abdullah b. Amir için Basra, Umman ve Bahreyn ordularını hazırladı. Abdullah bunlarla Üzec'e yürüdü ve orasını hakimiyeti altına aldı. Sonra Horasan'a doğru ilerledi ve Kabil'e, Fergana'ya kadar vardı. O yörede birliklerini dört bir tarafa gönderdi ve hepsini de hakimiyeti altına aldı. Ancak emir ve valilerden şikayetler devam ediyordu. Medine'ye sürekli delegeler geliyor ve Hz. Osman (radıyallâhu anh)'dan bunların azillerini istiyorlardı. O da fitneyi söndürmek için isteklerini yerine getiriyordu. Ancak bunlar azdılar ve haddi aştılar. İşte Osman'ın (radıyallâhu anh) siyasetindeki zaaflık bu yönden oldu.

Soru: Hz. Osman (radıyallâhu anh) Hicrî 29 yılındaki Haccında bir içtihadda bulunarak Mina'da namazı mukim olarak kıldı mı? Karşı çıkan oldu mu? O ne cevap verdi?

Cevap: Hz. Osman (radıyallâhu anh)'a yapılan eleştirilerden biri de O'nun Mina'da namazı Rasûlullah'ın (sallallâhu aleyhi ve sellem) yaptığı gibi seferî değil tam kılmasıdır. Abdurrahman b. Avf (radıyallâhu anh) O'na karşı çıktı ve "Rasûlullah'la (sallallâhu aleyhi ve sellem) burada iki rek'at kılmadın mı?" dedi. Osman (radıyallâhu anh) "Evet" dedi. "Ebu Bekir ile iki rek'at kılmadın mı?" dedi, O "Evet, kıldım" dedi. "Ömer'le iki rek'at kılmadın mı?" dedi, O "Evet, kıldım" dedi. "Halifeliğinin ilk iki yılında da iki rek'at kılmadın mı?" dedi, O "Evet, kıldım" diye cevap verdi.

Sonra Osman (radıyallâhu anh) Abdurrahman b. Avf'a (radıyallâhu anh) "Ey Muhammed'in babası, geçen yıl kulağıma gelen haberlere göre bazı Yemenliler ve alelade bazı insanlar "Mukim iki rek'at kılar, imamınız ise Osman da iki rek'at kılıyor" demişler. Ben de zaten Mekke'den evlenerek orada ev edindiğimden, insanlar hakkında korktuklarımdan dolayı dört rek'at kılmayı uygun gördüm. Ayrıca benim Taif'te mülküm var ve bir gün gelip oraya yerleşebilirim" dedi.

Tartışma Hz. Osman (radıyallâhu anh)'ın "Bu benim kendi görüşüm" demesiyle son buldu. Evet, bu O'nun kendi içtiha-.dıydı

Soru: Rumlar Kıbrıs'ın işgal edilmesine ve ele geçirilmesine ses çıkarmadılar mı, ne yaptılar?

Cevap: Hicrî 31 yılında ve Müslümanların Kıbrıs'ı ele geçirmesinden sonra Rumlar burasını geri almak istediler ve silah, erzak, mühimmat ve askerle dolu beş yüzden fazla gemiden oluşan donanmayla denize daldılar ve kıyıları gezerek Müslümanları rahatsız ve tehdit etmeye, oralarda terör estirmeye başladılar.

Soru: Karşılarına kim çıktı? İki tarafın gemi sayısı kaçtı?

Cevap: Mısır valisi Abdullah b. Sa'd İskenderiye'deki denizcilere iki yüz gemiden oluşan bir donanma yaptırdı. Cesur, kahraman ve üstün savaş yetenekli askerleriyle bu donanmaya binerek Rum donanmasını takibe koyuldu. İki taraf İskenderiye kıyısı yakınlarında karşı karşıya geldi.

Soru: Savaş nasıl, nerede ve ne zaman vuku buldu?

Cevap: İki tarafda diğerine saldırmama güvencesi verdi. Sonra gemileri birbirine yaklaştırdılar ve direkleri birbirine bağladılar. Görüntü yüksek ağaçların oluşturduğu bir ormanı andırıyordu. Sonra şiddetli bir rüzgar esti ve gemileri kıyıya doğru vurdu ve kıyı yakınına kadar sürükledi.

Rumlar gece boyu çan çaldılar, Müslümanlar ise namaz, niyazla meşgul oldular. Sonra iki taraf amansız bir kavgaya tutuştular. Düşmanlarının sayı ve silahça üstünlüğüne rağmen Müslümanlar büyük bir sabır ve sebat gösterdiler. Bir çok Müslüman şehid düştü, Rumlardan da çok sayıda kişi öldürüldü. Öyle ki dalgalar kanları ve cesetleri kıyıya vuruyordu.

Soru: Savaş nasıl sona erdi? Rumlar nereye kaçtılar? Komutanları kimdi, öldürüldü mü?

Cevap: Direkler savaşı denen bu savaş Rumların belini kıran bir hezimetle son buldu. Onlardan çok az sayıda kişi, az sayıda gemiyle kaçtılar. Sicilya adasına giderek en büyük şehrine indiler. Komutanları, aynı zamanda kralları olan Heraklius oğlu üçüncü Kostantin de onlarla beraberdi. Orada şehir halkı, kaçtığından ve insanları aldattığından dolayı üzerine saldırdılar ve öldürdüler.

Sarkos'a sığındığında halk durumunu sordu. O da savaş güçlerinin toplanmasını ve yenilgiye uğramasını anlatınca "Hristiyanlığı darmadağın ettin, Hristiyanları bitirdin.. Şimdi Araplar gelseler ve bize saldırsalar onlara karşı koyacak hiç kimse bulamayız!"dediler. O "Biz güçlü ve kuvvetli bir şekilde çıktık, ancak başımıza şu gördükleriniz geldi. Sonra üzerimize yürüdüler ve kılıçlarını çektiler." dedi. Sonra "Yazıklar olsun size, adamlarınız yok olup gittikleri halde siz kralınızı öldürmek istiyorsunuz." dedi. Onlar "Kendini boğulanlarla birlikte boğulan kimselerden say. Firar eden zalimlerin karşılığı budur." dediler.

Soru: Abdullah b. Sa'd'ın Mısır'ın güneyinde faaliyetleri var mıydı, hangi noktaya ulaşmıştı?

Cevap: Mısır'ın eski valisi Amr b. Âs'ın Mısır'ın güneyinde, yani yukarı Mısır'ın derinliklerinde ve Sudan diyarında kayda değer bir askerî faaliyeti yoktu. Abdullah b. Sa'd, Direkler savaşında elde edilen büyük zaferden sonra dikkatini yukarı Mısır'da yoğunlaştırdı ve Esavid (siyahlar) savaşı adıyla bilinen başarılı bir askerî hamle yaptı ve Denkala'ya kadar ulaştı.

Soru: Hz. Osman (radıyallâhu anh)'ın siyasetine karşı homurdanmalar aleni muhalefet şeklini aldı mı?

Cevap: Bazı hasis diller ve onun zehirli propogandaları ve sözleri Hz. Osman (radıyallâhu anh)'ın şahsiyetine, O'nun ülkeleri ve halkları yönetimine dil uzatmaya başladılar. Bunu gizliden fısıldayarak yapıyorlar, birbirlerini kışkırtıyorlardı. Sonra bunu sağda solda alenen yapmaya başladılar. İlk eleştirileri O'nun Abdullah b. Sa'd'ı Mısır'a atamasıydı. Zira bu İslâm'a girdikten sonra çıkmış, Mekke fethinde Rasûlullah (sallallâhu aleyhi ve sellem) kanını helal kılmıştı. Daha sonra İslâm'a tekrar girerek iyi Müslümanlardan olmuş, Allah yolunda hakkıyla cihad etmişti; ama bu onları ikna etmiyordu.

Soru: Açıktan muhalefeti kim ve nerede başlattı?

Cevap: Açıktan ilk muhalefeti yapan ve Hz. Osman (radıyallâhu anh)'ı tenkit edenler iki kişiydi. Muhammed b. Ebû Huzeyfe ile Muhammed b. Ebû Bekir idi. Bunlar Mısır'daydılar. Abdullah b. Sa'd samimiyetlerini ölçmek için bunları Direkler savaşına çağırdı. Onlar ise istemeyerek katıldılar ve savaşta da insanlar arasında düşmana karşı en cılız savaşan kimseler oldular.

Cevap: Muhammed b. Ebû Huzeyfe ile Muhammed b. Ebû Bekir kimdir?

Cevap: Muhammed b. Ebû Huzeyfe; Rasûlullah (sallallâhu aleyhi ve sellem) zamanında Habeşistan'da doğdu. Değerli bir sahâbî olan babası Huzeyfe (radıyallâhu anh) vefat edince Osman (radıyallâhu anh) O'nu yanına aldı ve geçimini, terbiyesini üstlendi. O'nun gözetiminde bulunup terbiye gördükten sonra delikanlılık çağına gelince, fetih yıllarında Amr b. Âs ile Mısır'a gitti ve orada yerleşti. Vali olmayı arzuluyordu ve Hz. Osman (radıyallâhu anh) halife olduğunda O'ndan bunu talep etti; ancak O "Evladım, ehil olup da benden talep etsen veririm, ama sen ehil değilsin" dedi. O da bunun üzerine O'na düşman kesildi.

Bir rivayete göre ise O'nun Mısır'a çıkışı Mısır'ın fethinden sonra oldu. Osman (radıyallâhu anh)'a "Bana izin ver de geçimimi sağlayacağım yerlere gideyim" dedi, Hz. Osman (radıyallâhu anh) "Dilediğin yere gidebilirsin" dedi. Yolculuk için gerekli olan her şeyi kendi malından hazırladı ve O'na mal verdi. O da yerleşim yeri olarak Mısır'ı seçti.

Muhammed b. Ebû Bekir ise; annesi, kocası Ebû Bekir'in (radıyallâhu anh) vefatından sonra Hz. Ali ile evlenince Hz. Ali'nin evinde ve O'nun sevgisiyle büyüdü. Bunda bir kusur ve noksanlık yoktur. Ancak Muhammed, Hz. Osman (radıyallâhu anh) döneminde had cezası gerektirecek bir şey yaptı ve cezalandırıldı. Bunun üzerine Hz. Osman (radıyallâhu anh)'a düşmanlık besledi.

Soru: Bunlar insanlara ne diyorlardı?

Cevap: Bunlar zaten yaralıydılar. Bir de kendilerine kulak veren insanlar buldular. İnsanlar arasında Hz. Osman (radıyallâhu anh)'a karşı tenkitler yöneltiyorlar, halifeliği, yönetimi ve siyasetini eleştiriyorlar, onun göreve akrabalarını getirdiğini, İslâmî nasları tevil ettiğini ve bid'atler türettiğini yayıyorlardı.

Soru: Hz. Osman (radıyallâhu anh) Velid b. Ukbe'yi Kûfe valiliğinden neden aldı?

Cevap: Velid, Ukbe b. Ebi Muayt'ın oğludur. Babası da Rasûlullah'ın (sallallâhu aleyhi ve sellem) en büyük düşmanlarından olan Velid, Mekke'nin fethinden sonra Müslüman oldu. Hakkında "Ey iman edenler, size bir fasık bir haber getirdiğinde onu iyice araştırın. Sonra bilmeden bir topluluğa zarar verirsiniz de yaptığınıza pişman olursunuz." (Hucurât: 6) ayet-i kerimesi inmiştir. Olay meşhur ve malumdur.

Hz. Osman (radıyallâhu anh)'ın hilafete gelmesinden sonra Kûfe valilerin sürekli[92] değiştiği canlı bir şehir haline geldi. Valilik önce Muğire b. Şu'be'den Sa'd b. Ebi Vakkas'a geçti. Sonra Osman (radıyallâhu anh) oraya akrabası Velid b. Ukbe'yi atadı. Bunun idaresi güzeldi ve fetihlerde güzel işler yaptı. Ancak beş yıl içki içmekle itham edildi. Hatta sabah namazını sarhoş halde dört rek'at kıldığı, sonra cemaate dönüp "Daha da artırayım mı?" dediği söylendi.

Bu durum Hz. Osman (radıyallâhu anh)'a iletildi. O da Velid'i yanına istetti ve konuşturttu. Sonra O'nu görevinden azletti ve had cezası uygulanmasını emretti. Haddi uygulamak için Hz. Ali'yi görevlendirdi. O da oğlu Hasan'a bunu yapmasını emretti; ancak o özür beyan ederek bunu yapamayacağını söyledi. Hz. Ali (radıyallâhu anh) bu defa Cafer-i Tayyar'ın oğlu Abdullah'ı görevlendirdi. Kırk sopa vurunca Hz. Ali "Bu kadar yeter. Rasûlullah (sallallâhu aleyhi ve sellem) kırk sopa vurdu, Ebû Bekir kırk sopa vurdu, Ömer ise seksen sopa vurdu. Gerçi hepsi de sünnettir, ancak bana daha hoş geleni budur" dedi.

92　Bu husus için ayetlerin nüzul sebepleri ile ilgili kitaplara başvurulabilir.

Bir rivayete göre ise bunun aslı yoktur ve Velid'e düşmanlığı bulunan Ebû Zeyneb ile Ebû Muverri isimli iki adam O'na böyle bir iftira attılar.

Konumuzla ilgili önemli olan kısım kesindir: Velid'e had uygulanmış ve Kûfe valiliğinden alınmıştır.

Dikkati çeken husus fitne kıvılcımının Muhammed b. Huzeyfe ve Muhammed b. Ebû Bekir diliyle Mısır'a hakimiyet kurduğu, ateşin Irak'taki Kûfe'ye kadar uzandığıdır. Acaba işin arkasında kim vardır? Mecusiler mi, Yahudiler mi?

Her ikisi de vardı. Olayların gelişiminden bunlar anlaşılacaktır.

Soru: Onun yerine kim vali tayin edilmiştir ve o ne ile meşhur olmuştur?

Cevap: Osman (radıyallâhu anh) Velid'i görevden aldıktan sonra yerine, yine bir yakını olan Said b. Ebi'l-As'ı atamıştır. O da Ümeyyeoğullarından ve Hz. Osman (radıyallâhu anh)'ın amcaoğullarındandır.

Bu bir kusur değildir; çünkü; evvela Hz. Osman (radıyallâhu anh)'nın bu akrabalarını sevmesini kusur sayanlar kendileri de aynısını yapmışlardır. İkinci olarak; kişi akrabalarına daha çok güvenir ve bu yönetimin sağlam ve birbirine kenetli yürümesini sağlar. Üç: Said, anlatıldığı ve meşhur olduğu üzere çok cömert ve eli bol biriydi. Birisi bir şey istediğinde yanında malı yoksa, genişlik vaktinde ödeyeceği şekilde borç alıp verirdi. Hizmetçisini her Cuma gecesi içinde dinarlar bulunan keselerle camiye gönderir ve namaz kılanların önlerine koydurdu. Böylece camide namaz kılanların sayısı çoğalmıştı.

Said b. Ebi'l-As Kûfe'ye varınca gusledip minbere çıktı ve Allah'a hamd-u sena ettikten sonra şöyle dedi: "Vallahi, ben bu işe istemeyerek getirtildim. Ancak emredilince yapmak zorundaydım. Ancak fitne başını ve gözlerini göstermiş bulunmaktadır. Vallahi onu söndürene kadar uğraşacağım. Bugün ben kendimin öncüsüyüm."

Soru: Hz. Osman (radıyallâhu anh)'a ne yazdı?

Cevap: Said Kûfelilerin hallerini araştırdı; tüm durumları iyice değerlendirdi ve sonuçlar çıkardı. Sonra halife Osman'a (radıyallâhu anh) şu mektubu yazdı: "Kûfelilerin durumu karmakarışık. Bunların eşrafı ve eski yerleşikleri azınlıkta kalmış. Buradaki halkın çoğu sağdan soldan gelmiş halk ile, ardlarından yetişmiş bedevî Araplar. Öyle ki bela ve musibetlerinde eşrafın ve güçlülerin yüzüne bakan yoktur"

Bu sözler azlığına rağmen Said'in sahip olduğu basiret ve isabetli görüşü göstermektedir.

Soru: Hz. Osman (radıyallâhu anh) O'na ne cevap yazdı?

Cevap: Osman (radıyallâhu anh) O'na şöyle yazdı: "İmdi... Allah'ın o diyarları elleriyle fethetmeni sağladığı öncü ve ilk kimseleri önde tut. Sonradan onlardan dolayı yerleşenleri ise onlara tabi kıl. Ancak diğerleri hakta ve hakkı ayakta tutmada yavaş ve gevşek davranırlar, hakkı öbürleri ayakta tutarsa, durum başka. Herkesin konumunu koru ve herkese hak ettiğini eksiksiz ver. Adalet ancak, insanların durumlarının bilinmesiyle gerçekleştirilir."

Soru: Said ne yaptı? Ortalık sakinleşti mi?

Cevap: Said Kadisiyye ve diğer cihadlara katışmış kimseleri toplayarak onlara şöyle konuştu: "Sizler, sonrakilerin yüzlerisiniz. Yüz de beden üzerine inşa edilir. Öyleyse siz bize ihtiyaç sahiplerinin ihtiyaçlarını, istek sahiplerinin taleplerini bildirin. Bunlara sonradan yerleşip zorluk içinde yaşayanları da ekleyin".

Sonra kurraları ve âlimleri topladı ve onlarla konuştu. Ancak dedikodular arttı ve yaygınlaştı. Bunun üzerine insanları tekrar topladı. O'na "Sen doğru yaptın. Ancak onları, hak etmedikleri şeyi elde etmede umutlandırma. Çünkü bir şeyi ehil olmayanlar yapmaya kalkışırlarsa onu taşıyamazlar ve bozarlar" dediler.

Soru: Hz. Osman (radıyallâhu anh) **ne yaptı? Medinelilere ne dedi?**

Cevap: Osman (radıyallâhu anh) Medinelilere: "Ey Medineliler! Hazır olun ve sıkı durun. Zira fitne size doğru gelmektedir. Vallahi (hakkınızı) size intikal ettirmek için sizin adınıza borçlanıyorum. Uygun görürseniz Irak'ta ikamet eden kişileri bekler ve onlarla takas yaparsınız" dedi. "Diğer ülkelerdeki arazilerimizi Medine'ye nasıl intikal ettirebiliriz ki?" dediler. "Hicaz, Yemen ve diğer ülkelerde toprakları olanlarla takas yaparak" dedi.

Medineliler buna çok sevindiler. Allah (c.c.) onlara hiç hesapta olmayan bir kapı açmıştı. Öyle de yaptılar. Bunları onlardan, her kabileden birileri rızalıkla ve haklarını onaylayarak satın aldılar.

Soru: Müslümanlar Hz. Osman (radıyallâhu anh) **döneminde Taberistan'a tekrar sefer yaptılar mı? Komutan kimdi, fetih nasıl gerçekleşti?**

Cevap: Taberistan'a ilk sefer Nehavend savaşından biraz önce yapılmıştı. Nuaym b. Mukrin kardeşi Süveyd'i oraya göndermiş, O da Kavs ve Cürcan'a giderek oraları sulh yoluyla almıştı. Sulh andlaşması bura halkıyla Huzeyfe arasında Nehavend savaşından sonra imzalanmıştı.

Ancak burası daha sonra elden çıktı. Bunun üzerine Basra valisi Abdullah b. Amir ordusuyla üzerlerine yürüdü. Kûfe valisi Said b. Ebi'l-As da ordusuyla çıktı. Her biri bu şerefe önce kendisinin ulaşmasını arzuluyordu. Abdullah Ebreşher'de, Said de Cürcan'da konakladı. Halk, her yıl iki milyon dinar ödemek üzere Said'le sulh yaptı. Sonra Cürcan sınırında ve Hazar denizi kıyısında yer olan Tımye'ye yöneldi ve kuşattı. Halkı O'nunla savaştı; hatta o gün korku namazı (farz namazı cemaatle, ikişer grup halinde, sırayla) kıldılar. Beraberinde Huzeyfe b. Yeman da vardı. Said O'na Rasûlullah'ın (sallallâhu aleyhi ve sellem) korku namazını sordu; O da anlattı. Rivayete göre Said o gün kendisi de savaştı ve kılıcını bir müşriğin omzuna sapladı ve dirseğinden çıkardı. Sonra Tımyeliler eman istediler, O da verdi ve kaleye girip içindekileri ele geçirdi.

Bir şair Said'i öven şiirinde şöyle dedi:

O ne yiğit bir genç Ceylan'dan geçerken,

Sonra Dislebi ve Ebhara'ya inerken.

Bilirsin ki ey iyilikler adamı Said,

Benim bineğim indiğinde dalışa geçmekten korkar,

Sen birliklerin karşılaştığı günde sanki arslandın.

Orman arslanından kurtulup çöle dalmış arslan.

Seksen bin zırhlıyı yönetiyorsun,

Daha önce kimsede görülmemiş bir şekilde.

Soru: Rasûlullah'ın (sallallâhu aleyhi ve sellem) yüzüğü Hz. Osman (radıyallâhu anh)'dan ne zaman ve nasıl düştü?

Cevap: Hz. Osman (radıyallâhu anh)'ın hilafetinin altıncı yılında Medine'ye iki mil uzaklıkta bir yere "Üreys kuyusu" adıyla bilinen bir kuyu kazılmıştı; ancak suyu azdı. Hz. Osman (radıyallâhu anh) bir gün oraya geldi ve kuyunun kenarına oturdu. Rasûlullah'ın (sallallâhu aleyhi ve sellem) yüzüğü elindeydi. Onunla oynarken elinden kuyuya düştü.

Rasûlullah (sallallâhu aleyhi ve sellem) bu mührü, kralların mektupları ancak mühürlü kabul ettiklerini öğrendiğinde yaptırmıştı. Üç satırdan oluşan ve en üstte Allah, altında Rasûl, onun altında da Muhammed yazılı (Muhammedun Rasûlullah: Muhammed Allah'ın elçisidir) yazılı gümüş yüzüğü mübarek parmaklarına takarlardı. Sonra bunu Ebû Bekir, daha sonra Ömer (radıyallâhu anh) kullandı.

Soru: Yüzüğün bulunup çıkartılması için ne yaptı?

Cevap: Osman (radıyallâhu anh) buna çok üzüldü ve kuyunun suyunun tamamen boşaltılmasını emretti. Boşaltıldı, ancak yüzük bulunamadı. Bunun için çok para harcadı; ama nafile...

Sonra Rasûlullah'ın (sallallâhu aleyhi ve sellem) yüzüğüne benzer bir yüzük yaptırdı ve kaybolanın yerine parmağına onu taktı. Ancak şehadetinden ve öldürülmesinden sonra o da kayboldu.

Müslümanlar Rasûlullah'ın (sallallâhu aleyhi ve sellem) yüzüğünün kaybolmasına üzüldüler ve bunu bir uğursuzluk saydılar.

Soru: İbni Sevda (Siyah kadının oğlu) kimdir? Hz. Osman'a (radıyallâhu anh) karşı fitne çıkarması ve halkı kışkırtması nerede başlamıştır?

Cevap: İbni Sevda, Abdullah b. Sebe'dir. Yemen Yahudilerindendi ve Hz. Ömer (radıyallâhu anh) zamanında görünüşte Müslüman oldu. İnsanları Hz. Osman (radıyallâhu anh)'a, O'nun siyasetine, başkanlığına ve valilerine karşı kışkırtıyordu.

İlk fitneyi Şam'da çıkardı. Orada Ebû Zerr-i Gıffarî (radıyallâhu anh) ile buluştu. O'nun derecesini, konumunu, dürüstlüğünü, imanını ve sahâbeliğini, insanların O'na kulak verip uyacaklarını, O'nun hak sözü söylemede cesur olduğunu biliyordu. Hem Rasûlullah (sallallâhu aleyhi ve sellem) O'na "Acı da olsa doğruyu söyle" buyurmamış mıydı?

Soru: Ebû Zerr (radıyallâhu anh) İbn Sevda'nın sözüne neden kandı?

Cevap: İbn Sevda O'na şöyle fısıldadı: "Ey Ebû Zerr, Muaviye'ye hayret etmiyor musun? "Mal Allah'ın malı, her şey Allah'ın malı" deyip duruyor. Sanki Müslümanlar kelimesini silmek ve malı hep kendisi için toplamak istiyor."

Ebû Zerr de zühd ve verada örnekti ve fakir, muhtaç ve yoksullara çok merhametliydi. Rasûlullah (sallallâhu aleyhi ve sellem) O'nun hakkında "Ümmetim arasında Ebû Zerr, Meryem oğlu İsa'nın zahidliği üzeredir" buyurmuştu.

İşte yangın çıkartan, nefisleri galeyana getiren ve silip süpürücü kasırgayı estiren fitne ateşi buradan atıldı.

Soru: Ebû Zerr (radıyallâhu anh) Şam'da ne yapıyordu?

Cevap: Ebû Zerr (radıyallâhu anh) Hz. Ömer (radıyallâhu anh) zamanında Şam'da Allah yolunda cihad için bekleyen murabıttı. Mücahidlerle çıkıp, kâfir ve müşriklerle savaşıyordu. Fetih savaşlarının bazılarına iştirak etmişti.

Kıbrıs adasının fethinde yer alan meşhur sahâbîlerden biriydi.

Ancak Şam'a (Dımeşk) döner dönmez kendini takvaya, Allah'a ibadete ve Rasûlullah'tan (sallallâhu aleyhi ve sellem) hadis nakline verdi. Sürekli halka nasihat ediyor, hatırlatıyor, korkutup uyarıyordu.

Soru: Ebû Zerr ile Şam valisi Muaviye arasındaki ilk çatışma ne zaman yaşandı?

Cevap: Ebû Zerr (radıyallâhu anh), İbn Sevda'nın kalbine attığı kin ve öfkeyle Muaviye'nin huzuruna girdi ve "Seni Müslümanların mallarına Allah'ın malı demeye iten şey nedir?" dedi. Muaviye: "Allah sana merhamet etsin ey Ebû Zer! Biz Allah'ın kulları, mal O'nun malı, halk O'nun halkı ve emir O'nun emri değil mi?" dedi. Ebû Zer: "Böyle söyleme" dedi. Muaviye: "Bunların Allah'ın olmadığını söylemeyeceğim, ancak Müslümanların malı sözünü söyleyeceğim" dedi.

İbn Sevda iki sahâbîyi daha kullanmaya çalıştı: Ebû Derda ile Ubade b. Samit. Ancak bunlar O'nun maskesini düşürdüler, yalan ve iftiralarını ortaya çıkardılar.

Soru: Ebû Zerr (radıyallâhu anh) halkı nasıl kışkırttı? Halk O'na uydu mu?

Cevap: Ebû Zerr (radıyallâhu anh) insanları teşvik ederek "Ey zenginler, fakirlere yardım edin. Zira altın ve gümüşü biriktirip Allah yolunda infak etmeyenler; alınlarını, yanlarını ve sırtlarını dağlayan ateş korlarıyla tehdit edilmişlerdir" dedi. Bunun için de kendi içtihadı ve görüşüyle şu ayet-i kerimeleri delil getiriyordu: "Ey iman edenler! (Biliniz ki), hahamlardan ve râhiplerden birçoğu insanların mallarını haksız yollardan yerler ve (insanları) Allah yolundan engellerler. Altın ve gümüşü yığıp da onları Allah yolunda harcamayanlar yok mu, işte onlara elem verici bir azabı müidele! (Bu paralar) cehennem ateşinde kızdırılıp bunlarla onların alınları, yanları ve sırtları dağlanacağı gün (onlara denilir ki): "İşte bu kendiniz için biriktirdiğiniz servettir. Artık yığmakta olduğunuz şeylerin (azabını) tadın!" (Tevbe: 34, 35).

Soru: Muaviye (radıyallâhu anh) O'nu halifeye şikayet etti mi?

Cevap: Ebû Zer'e (radıyallâhu anh) kulak veren halk kitlesi gittikçe çoğalıyordu. Muaviye her vesileyle Ebû Zer'in (radıyallâhu anh) kalbini fethetmeye, kışkırtma ve tahriklerini engellemeye çalıştı. Ancak Ebû Zerr (radıyallâhu anh) aldırış etmeden çalışmalarına devam etti.

İbn Sevda da arkasındaydı; O'na ısrar ve inat etmesi için vesveseler verip duruyordu. Muaviye meselenin tamamen tersine dönmesinden korktu ve halifeye Ebû Zer'den ve propogandasından duyduğu rahatsızlığı belirten ve ne yapması hususunda tavsiye isteyen bir mektup gönderdi.

Soru: Hz. Osman (radıyallâhu anh) ne yaptı?

Cevap: Osman (radıyallâhu anh) şöyle mektup yazdı: "Fitne pençe ve gözlerini göstermiş ve sadece saldırması kalmış. Yarayı deşme. Ebû Zer'in yolculuk hazırlığını yap. Sonra O'nu bir rehberle ve yiyecek-içeceklerle bana gönder. Elinden geldiğince kendini ve halkı zaptet; tut. Sen ancak tuttuğun sürece tutunabilirsin.".

Taberi'nin "Tarih"inde kaydettiği böyledir. Osman (radıyallâhu anh)'ın Ebû Zer'e (radıyallâhu anh) yaptığı diliyle tahkir, küçümseme ve alçaltmasına dair rivayetlere ise kulak asılmaz. Çünkü o iman, ahlak ve takvasıyla Osman (radıyallâhu anh), Ebû Zer'e saygı ve ihtiram göstermekten başka bir şey yapmazdı.

Soru: Hz. Osman (radıyallâhu anh) ile Ebû Zer'in (radıyallâhu anh) karşılaşması nasıl oldu?

Cevap: Ebû Zer'in (radıyallâhu anh) ruh ve aklına zühdü, dünyayı önemsemeyişi hakimdi. O Allah'ın (c.c.) buyruğunu kendi görüşüyle tefsir ve tevil etmiş, kendi içtihadını ortaya koymuştu. Ancak başka görüş ve içtihadlar da vardı ve ortada bir de halife vardı.

Ebu Zerr (radıyallâhu anh) Medine'ye varıp Osman (radıyallâhu anh)'ın huzuruna girince Osman (radıyallâhu anh) O'na "Ey Ebû Zer, Şamlılar senin dilinin keskinliğinden neden şikayetçiler?" dedi. Ebû Zerr (radıyallâhu anh) "Allah'ın malı değil Müslümanların malı denmeli. Hem de zenginler hiçbir malı yanlarında tutmamalılar." dedi. Osman (radıyallâhu anh) "Ey Ebû Zerr, bana düşen vermem gereken yerlere vermem, almam gereken kimselerden almamdır. Ancak ben onları zühde mecbur edemem, çalışmaya ve iktisatlı harcamaya çağıramam" dedi.

Bu şekilde aralarında uzun bir konuşma geçti. Bu konuşmaya bakan kişi, Hz. Ebû Zer'in âyet-i kerimeyi asıl manasından uzak bir şekilde tevil ettiği sonucuna varır. Çünkü helalden kazanılmışsa malın biriktirilmesi haram değildir; haram kılınmamıştır.

Rasûlullah (sallallâhu aleyhi ve sellem) zamanında bazı sahâbîler çok zengindi ve Rasûlullah (sallallâhu aleyhi ve sellem) hiçbir zaman onları uyarmadı, bundan engellemedi, tehditte bulunmadı.

Soru: Ebû Zerr neden Rabze'ye yerleşti?

Cevap: Rabze Medine'ye üç mil uzaklıktaki bir köydür.

Osman (radıyallâhu anh) ile Ebû Zerr (radıyallâhu anh) arasındaki konuşma sonunda Ebû Zerr (radıyallâhu anh) "Medine'den çıkmama izin verecek misin?" dedi. Osman (radıyallâhu anh) "Onu daha şerli bir yerle mi değişiyorsun?" dedi. Ebû Zerr (radıyallâhu anh). "Rasûlullah (sallallâhu aleyhi ve sellem) bana evler Sel'a[93] ulaşınca buradan çıkmamı emretti" diye cevap verdi. Osman (radıyallâhu anh): "Öyleyse Rasûlullah'ın (sallallâhu aleyhi ve sellem) sana emrettiğini yap" dedi. Ebû Zerr (radıyallâhu anh) Medine'den çıktı ve Rabze denen yerde ev yapıp yerleşti. Osman (radıyallâhu anh) O'na bir sarme deve sürüsü (sayısı otuzu geçmeyen deve sürüsü) ile iki köle verdi.

Soru: Ebû Zerr (radıyallâhu anh) orada çok kaldı mı? Ne zaman vefat etti ve cenazesine kimler katıldı?

Cevap: Ebû Zerr (radıyallâhu anh) zaman zaman Medine'ye geliyordu. Bazıları bunu, O'nun yalnızlığı ve uzleti sevdiği, ama uzun süre tek kalınca da bedevîleşmekten korktuğu şeklinde açıklamışlardır.

Rabze'ye gittiğinde namaz için kamet getiriliyordu. Oranın Mücaşi adındaki siyahi zekat görevlisi O'ndan namaz kıldırmak için öne geçmesini rica etti. Ancak Ebû Zerr (radıyallâhu anh) "Hayır, namazı sen kıldır; çünkü Rasûlullah (sallallâhu aleyhi ve sellem) bana 'İşit ve itaat et; (itaat konumundaki kişi) zekat toplayıcı bir köle olsa bile' buyurdu" dedi.

---

93 Sel': Medine'nin dağlarından biri.

Ebu Zerr (radıyallâhu anh)'ın vefatı Hicrî 32 yılında oldu. O esnada Abdullah b. Mesud (radıyallâhu anh) Irak'tan Medine'ye geliyordu. Vefatını duyunca Rabze'ye gidip cenaze namazına ve defnine katıldı; O'nun için Allah'tan (c.c.) rahmet diledi. O gün sürekli Rasûlullah'ın (sallallâhu aleyhi ve sellem) şu hadisini tekrarladı: "Allah Ebû Zer'e merhamet etsin; O tek yürür, tek ölür ve tek diriltilir".

Soru: Hz. Osman (radıyallâhu anh)'ın hizmetlerinden bazıları Kur'an nüshalarını çoğaltması ve Kur'an kıraatini Kureyş lehçesinde birleştirmesidir. Bunlar hangi yılda yapılmıştır?

Cevap: Osman (radıyallâhu anh)'ın, hilafeti döneminde yaptığı en önemli hizmetlerden biri Kur'an kıraatini Kureyş lehçesinde birleştirmesidir. Zira kıraatlar çeşitleşmiş ve farklı farklı olmuştu. Bu ise bir tehlikenin alarmı ve zararı büyük olacak bir durumdu. Bazıları bunun, ümmetin, Rabbinin Kitabı'ndaki vahdetine ne denli zararlı etki edeceğini tasavvur edemiyorlardı. Onun için Osman (radıyallâhu anh), Mushaf'ın nüshalarını çoğaltarak bunları İslâm dünyasının dört bir yanına gönderdi. Bunun dışındakilerin ise ortadan kaldırılmasını emretti.

Soru: İnsanların Kur'an-ı Kerim'i farklı farklı okuduğunun uyarısını kim yaptı? Nasıl? Bunu önce kime söyledi?

Cevap: Bu kendi şahsî görüşü ve kendiliğinden yaptığı bir şey değildi. Hadise şöyle oldu: Huzeyfe b. Yeman (radıyallâhu anh)[94] Hicrî 30 yılında Said b. As ile Bab savaşından dönerken Said'e "Bu yolculuğumda garip bir şey gördüm. İnsan-

---

94   Huzeyfe (radıyallâhu anh), Rasûlullah'ın (sallallâhu aleyhi ve sellem) sır saklayıcısı diye meşhurdur.

lar o hal üzere bırakılırlarsa Kur'an'da ihtilaf edecekler ve hiç kimse O'nda birleşemeyecek" dedi. Said O'na "Ne gördün?" diye sordu. Huzeyfe (radıyallâhu anh) "Humusluları gördüm; kendi kıraatlerinin (okumalarının) en doğru olduğunu, bunu Mikdad'dan aldıklarını söylüyorlardı. Dımeşklileri gördüm; onlar da kendilerinin kıraatinin en iyi olduğunu iddia ediyorlardı. Kûfelileri gördüm; onlar da kendi kıraatlerinin en iyi olduğunu ve bunu Abdullah b. Mesud (radıyallâhu anh)'dan aldıklarını söylüyorlardı. Basralıları gördüm; onlar da kıraatlerinin en iyi olduğunu, bunu Ebû Musa Eş'ari'den aldıklarını söylüyorlardı ve O'nun Mushaf'ını "Kalplerin özü" diye isimlendirmişlerdi!

Soru: Kûfe'de insanlara nasıl cevap verdi?

Cevap: Huzeyfe Kûfe'ye varınca, görüşünü kalabalık insanların karşısında dile getirdi ve insanları ihtilafa karşı uyardı. Kûfe'deki sahâbîler ile tabiinin çoğunluğu da O'nun bu görüşüne katıldılar. Abdullah b. Mesud (radıyallâhu anh)'un öğrencileri ve adamları ise O'na "Bizim neyimize karşı çıkıyorsun? Abdullah b. Mesud (radıyallâhu anh)'un kıraatine göre okumuyor muyuz?" diye cevap verdiler. Huzeyfe onlara kızarak "Siz bedevilersiniz. Susun. Siz hatalısınız. Vallahi ömrüm olursa Mü'minlerin emirine gidecek ve insanların böyle yapmalarına engel olması tavsiyesinde bulunacağım"dedi. Huzeyfe ile Abdullah b. Mesud arasında tartışma çıktı ve aralarını vali Said b. Ebi'l-As ayırdı.

Soru: Huzeyfe (radıyallâhu anh) Medine'de Osman (radıyallâhu anh)'a ne dedi?

Cevap: Huzeyfe hemen Medine'ye gitti ve Osman (radıyallâhu anh)'ın huzuruna çıktı. O'na "Ben apaçık bir uyarıcıyım. Ümmetin imdadına yetişin. Ey Mü'minlerin emiri! Yahudi ve Hristiyanlar gibi ihtilaf etmeden önce ümmetin yardımına yetiş" dedi. Sonra anlatacaklarının tümünü anlattı. Osman (radıyallâhu anh) durumun vahametini anladı ve Huzeyfe'nin görüşünü önemsedi. Ümmeti Rabbinin Kitabı'nda birleştirmek için çok hızlı bir adımın atılması şarttı.

Soru: Hz. Osman (radıyallâhu anh) sadece kendi görüşüyle yetindi mi?

Cevap: Hz. Osman (radıyallâhu anh) bu görüşte tek kalmamak için sahâbîlerin ileri gelenlerini topladı ve Huzeyfe'nin anlattıklarını onlara anlattı. Onlar da, istisnasız, Huzeyfe'nin görüşünü teyit ettiler ve üstün bir gayretle çalışmaya koyuldular.

Soru: Kur'an nüshaları neredeydi ve Hz. Osman (radıyallâhu anh) onlarla ilgili ne istedi?

Cevap: Kur'an-ı Kerim'in yazıldığı sayfalar Hz. Ebû Bekir döneminde toplanıp, Mü'minlerin emiri Ömer'in kızı Hafsa'nın evinde emanet bırakılmıştı. Hz. Osman (radıyallâhu anh) ona "Bana Kur'an-ı Kerim sayfalarını gönder. Onları Mushaflara yazıp sana geri iade edeceğiz" diye haber yolladı.

Bu, Hafsa'da başvuru kaynağı bir nüsha kalması içindi. Herkeste ise ondan yazdırdığı nüshalar bulunacaktı.

Soru: Hz. Osman (radıyallâhu anh) Mushafları yazma görevini kimlere verdi ve onlara ne direktiflerde bulundu?

Cevap: Hafsa (radıyallâhu anh) Kur'an sayfalarını Hz. Osman (radıyallâhu anh)'ın istediği şekilde O'na gönderdi. Osman (radıyallâhu anh) daha sonra, Ebû Bekir (radıyallâhu anh) döneminde Kur'an'ı toplama işini yapan Zeyd b. Sabit (radıyallâhu anh) ile Abdullah b. Zübeyr, Said b. Ebi'l-As ve Abdurrahman b. Haris b. Hişam'a emretti ve onlar da bunu Mushaflara (boş defterlere) yazdılar. Onlara da "İhtilaf ettiğinizde Kureyş diline -yani lehçesine- göre yazın; zira Kur'an onların diliyle inmiştir" dedi.

Onlar da bu değerli görevi yapıp tamamladılar. Hiç bir ayette, hatta kelimede de ihtilaf etmediler. Hepsi de sağlam hafızdı; okuma-yazma bilen kimselerdi.

Soru: Hz. Osman (radıyallâhu anh) daha sonra ne yaptı?

Cevap: Görev tamamlanınca birini Medine'de bırakıp diğer beş[95] nüshayı Mekke, Yemen, Şam, Bahreyn, Basra ve Kûfe'ye gönderdi. Bunlar dışındaki tüm nüshaların da yakılmasını, sadece gönderilene dayanılmasını emretti.

Soru: Kûfeliler kendilerine gönderilen Kur'an nüshasını nasıl karşıladılar? Abdullah b. Mesud (radıyallâhu anh) onlara ne dedi?

Cevap: Tüm bölgeler kendilerine gönderilen nüshaları itiraz etmeden kabul ettiler. Ancak Kûfeliler, Abdullah b. Mesud (radıyallâhu anh)'un adamları bunu kabul etmediler ve insanları ayıpsadılar. Hatta birisi kalkarak Hz. Osman (radıyallâhu anh)'a hakaret etti. Bunun üzerine Abdullah b. Mesud (radıyallâhu anh) kalktı ve "Sus! Bunu bizden topluluğun önünde yaptı. Ben de O'nun konumunda olsaydım aynısını yapardım" dedi.

Sonunda Kûfeliler de bunu kabul ettiler. Böylece Kur'an kıraatinde Kureyş lehçe ve dilinde ittifak edildi. Şu anda elimizdeki Kur'an da odur ve bu amel Hz. Osman (radıyallâhu anh)'a övgüyü hak ettiren güzel bir ameldir.

---

95 Bir rivayete göre yedi.

Soru: Kisra Şehribar oğlu Yezdicerd'in öldürülmesiyle birlikte Fars devleti sona erdi ve Fars gücü tamamen kırıldı. Bu nasıl ve ne zaman oldu?

Cevap: Kadisiyye savaşından sonra Yezdicerd kaçarak Fars diyarının içlerine daldı. Müslümanlar O'nu takip ettiler; beldeleri fethettikçe O'nu şehir şehir, diyar diyar takip ettiler, izini sürdüler.

Hicrî 31 yılında Yezdicerd az sayıda adamıyla Kirman'dan Merv'e kaçtı ve Merzibanha'dan kullanmak için mal istedi; ancak O kabul etmedi. Sonra Merzibanha kendisi ve halkı için korkuya düştü ve Türklerden yardım istedi. Onlar da hemen geldiler ve bir gece Yezdicerd ve adamlarını tuzağa düşürüp, üzerlerine saldırdılar. Kaçmayı başaran Yezdicerd dışında tümünü öldürdüler. Yezdicerd şurada burada dolaştıktan sonra Mirgab nehri kıyısında oturan bir adamın evine geldi ve ona sığındı. Sonra adam ona ihanet etti ve öldürerek nehre attı ve elindeki mal ve mücevherata el koydu. Ancak Türkler durumu araştırdılar ve sonunda katili buldular. Katil O'nu öldürdüğünü itiraf etti. Türkler O'nu da öldürerek elindeki mal ve mücevheratını aldılar[96].

Soru: Horasan ne zaman fethedildi? Fatihi kimdi? Fetih nasıl gerçekleşti?

Cevap: Hz. Osman (radıyallâhu anh)'ın Basra valiliğine teyzesi oğlu Abdullah b. Amir'i getirdiğini daha önce öğrenmiştik. Ömrünün başlarında, 25 yaşında bir delikanlı iken bu göreve getirildiğinde tarih Hicrî 28 idi.

Abdullah güzel karakterli, cömert, talihli ve başarılı biri olarak vasıflanmıştır.

---

96 Bir rivayete göre Türkler Yezdicerd'in cesedini çıkarıp bir tabuta koydular, sonra İstahar'a götürüp, oraya gömdüler.

Bazı Fars şehirleri elden tekrar çıkmıştı. Abdullah buraları fethetmek için harekete geçti. Sonra Horasan'a savaşmaya çıktı.

Kirman'ı fethetti ve başına Mücaşi b. Mesud es-Silmi'yi geçirdi. Sonra Sicistan'ı aldı ve oranın valiliğine Rebi' b. Ziyad'ı getirdi. Sonra ordunun ön kısmının komutanlığına Ahnef b.Kays'ı getirdi ve Tıbseyn'e kadar yürüdü. Horasan'ın iki kapısı ve iki kalesi olan bu şehir halkı O'nunla altı yüz bin dirheme anlaştı.

Sonra oradan Tahistan'a yöneldi. Halkı O'nunla savaştılar. Sonunda onlarıki kaleye sıkıştırdı. Oradan Nisabur'un Ristakzam adındaki şehrine bir seriyye göndererek orasını fethetti. Ayrıca Bahraz ve Cuveyn'i de fethetti. Esved b. Gülsüm'ü de Beyhak'a gönderdi. Esved acele ederek kalenin bir açığından az sayıda askeriyle içeri daldı. Girenleri yakaladılar, Esved'i öldürdüler. Bunun üzerine komutayı kardeşi Edhem aldı ve halk üzerine ısrarla ve şiddetle gitti ve sonunda fethetti.

Abdullah b. Amir de ayrıca Peşt, Eşbenz, Rah, Zareh, Huvan, Asferan ve Arğayan'ı fethetti. Bunların hepsi Nisabur'dadır. Sonunda Nisabur'un başkenti Ebreşher'e ulaştı. Aylarca kuşatma altında tuttu. Sonunda halk teslim oldu ve bir milyon dirheme andlaşma yaptı. Abdullah başlarına Kays b. Heysem'i getirip oradan ayrıldı.

Abdullah b. Hazim Nesa'ya yürüdü ve orasını üç yüz bin dirhem karşılığında sulhle fethetti. Sonra Ebyored'e yürüdü ve halk dört yüz bin dirheme O'nunla sulh yaptı. Oradan Serhas'a gitti ve orasını ele geçirdi. Buradaki ganimetlerden onun payına Merzibanha'nın kızı düştü. O da O'nu eş edindi ve adını Meysa koydu.

Bu başarılı operasyonda fetihler Horasan'ın dört bir tarafına uzandı. Keyf, Beyne, Hirat, Badğis, Buşna ve Merv gibi şehirler teker teker fethedildi. İster sulhle ister savaşla fethedilsin her şehrin veya bölgenin ödeyeceği yüzbinlerce dirhem vardı.

Zikrettiğimiz şehirlerin isimlerinden, Abdullah b. Amir'in eliyle gerçekleşen bu fethin büyüklüğünü, Allah'ın (c.c.) Müslümanlara ne kadar büyük mal ve bereket lutfettiğini ve ülkelerdeki genişlemenin ve güçlenmenin boyutlarının ne denli büyük olduğunu daha iyi anlayabiliriz.

O zaman Abdullah'a "Hiç kimse senin kadar fetih yapmadı (Fars, Kirman, Sicistan ve Horasan)?" dediler. "Neyse, buna şükür olarak buradan ihrama gireceğim" diyerek Nisabur'dan Umre için ihrama girdi. Horasan'ın başına kendisine vekaleten Kays b. Heysem'i getirdi ve giderken Medine'de Hz. Osman (radıyallâhu anh)'ın yanına uğradı.

Soru: İstahar ne zaman, nasıl ve kim tarafından fethedildi?

Cevap: İstahar Fars diyarının en büyük şehirlerindendi. Krallarının hazineleri buradaydı ve dağlarında çok miktarda maden bulunuyordu. Zerdüşt'ün kitabı da burada bulunmuştur.

Burası Hz. Ömer (radıyallâhu anh) zamanında, Hicrî 28 yılında fethedilmişti. Ancak zaman zaman elden çıkıyordu. Müslümanların elinden en son Hicrî 29 yılında çıkmıştı. Abdullah b. Amir Basra valisi olunca burasını tekrar fethetmeye karar verdi.

Belazuri Fütuhu'l-Büldan'da der ki: "Abdullah b. Amir Cur'u fethettikten sonra İstahar halkı üzerine yürüdü. Yapılan şiddetli çatışmalar ve mancınıkla atışlardan sonra burasını zorla fethetti. Bunda Acemlerden kırk bin kişi öldürüldü."

Abdullah burada İslâmî varlığı yerleştirdi ve burası bir daha Müslümanların elinden hiç çıkmadı.

Soru: Kirman nerededir? Kim tarafından, nasıl ve ne zaman fethedilmiştir?

Cevap: Kirman bölgesi de böyledir. Daha önce geçtiği gibi Abdullah b. Amir oraya Mücaşi' b. Mesud es-Silmi'yi göndermişti. Bura halkı ahdi bozmuş ve ihanet etmişlerdi. Mücaşi' Beyment'i zorla aldı. Halkını yerinde bıraktı ve onlara eman verdi. Orada Mücaşi sarayı adında bir saray yaptırdı. Berdahora'yı fethettikten sonra Kirman bölgesinin başkenti Şircan'a geldi. Kaleye sığınan halkı birkaç gün kuşatma altında tuttu. Sonra kaleden bazı atlılar çıktı. Onlarla savaştı ve sonunda burasını zorla fethetti.

Sonra halkın pekçoğu oradan çıkartıldı. Sonra Cerfet'i zorla fethetti. Sonra Kirman'ın dört bir tarafını dolaşarak halkı bozguna uğrattı. Kafs'a geldiğinde O'na karşı Hormor'da Acemden büyük bir kalabalık toplandı. Onlarla yaptığı savaşta onlara üstün geldi ve zafer kazandı. Bir çok Kirmanlı kaçtılar ve denize açıldılar. Bazıları Bikran'a, bazıları Sicistan'a gitti. Araplar evlerini ve arazilerini aralarında paylaştılar. İmar ettiler; su kanalları açtılar ve öşrünü ödediler.

Soru: Sicistan ve Kabil ne zaman ve nasıl fethedildi? Komutan kimdi?

Cevap: Sicistan da böyle! Hz. Ömer'e (radıyallâhu anh) zamanında fethedilmiş, sonra halk andlaşmayı bozmuştu.

Abdullah b. Amir Horasan'da savaşırken buraya Rebi b. Ziyad komutasında birlikler gönderdi.

Rebi evvela Zalik kalesine vardı ve şenlik günü halka saldırdı. Şehir kralı esir edildi. Kral kendisi ve halkı için altın ve gümüş vererek esaretten kurtuldu.

Rebi daha sonra Kerkuye denen kasabaya geldi. Halk savaşsız barış yaptı. Sonra Hindimend ve Zevşet'e indi. Buranın halklar O'nunla kıyasıya dövüştüler. Müslümanlar bir çok kayıp verdi. Ama sonra düşman üzerine tekrar saldırdılar ve çok sayıda kişi öldürerek onları büyük bir yenilgiye uğrattılar ve onları şehir kalesine sığınmaya mecbur bıraktılar.

Sonra Naşruz'a gitti ve halkıyla yaptığı savaşta onları yendi. Sonra Zernec'i kuşattı. Oranın valisi Abroyzer O'na eman ve barış isteğini iletti. Rebi öldürülen bir Farslının cesedinin getirilmesini istedi ve vali içeri girerken ayağını üzerine koydu. Bu manzarayı görür görmez valinin içini korku kapladı ve her biriyle birlikte bir altın kavanoz olmak üzere iki bin hizmetçi üzerine anlaşmaya mecbur oldu. Ve Müslümanlar şehre girdiler.

Soru: Belencerd'de[97] Müslümanlar önce yenildiler, sonra yendiler ve komutan Abdurrahman b. Rebia şehid oldu. Savaşlar nasıl cereyan etti?

Cevap: Belencerd Hazar bölgesinin başkentidir.

Abdurrahman b. Ebi Rebia Hz. Ömer (radıyallâhu anh) zamanında buraya yönelmiş ve fethetmişti. Halkı Türkler başta karşı çıktılar. Müslümanların savaşlarını ve zaferlerini duymuşlardı ve onların meleklerden olup silahın onlara işlemediğine inanıyorlardı. Tesadüfen bir Türk bir ormana gizlendi sonra bir Müslümana ok attı ve öldürdü. Sonra halkı arasında

---

97 Müslüman tarihçiler burasını Belencerd yerine Belencer şeklinde zikrederler.

"Bunlar da bizim gibi ölüyorlar" diye bağırdı. Bunun üzerine cesaretlendiler ve Müslümanlara saldırdılar. Abdurrahman şehid edildi ve sancağı kardeşi Selman aldı. Kardeşinin cesedini ellerinden kurtarana kadar savaştı, sonra O'nu şehid edildiği yere gömdü. Sonra kalan Müslümanlarla geri döndü.

Soru: Müslümanlar Horasan'da Türkleri nasıl yendiler?

Cevap: Hicrî 32 yılında Türkler ve Hazarlılar Müslümanlara karşı katılaştılar ve hep birlikte saldırıya geçtiler. Abdurrahman b. Amir, Selman b. Ebi Rebia'yı yenilen Müslümanlara destek olarak gonderdi. Oradaki Muslumanlar Selman'la buluştular ve O'na katıldılar. Sonra Selman savaşçıların başına Huzeyfe b. Yeman'ı (radıyallâhu anh) getirdi. Öte yandan Osman (radıyallâhu anh) da Habib b. Mesleme el-Fehri komutasındaki Şamlı askerleri O'nun yardımına gönderdi.

Huzeyfe bunların hepsinin başında komutan olarak üç defa savaş yaptı ve hepsinde Türkleri ve Hazarlıları yenilgiye uğrattı.

Soru: Bu yılda, yani Hicretin 3yılında vefat eden sahâbîler kimlerdir?

Cevap:

a. Ebû Zerr el-Gıffari (radıyallâhu anh):

Bu yılın Zilhicce ayında Rabze'de vefat edeceği zaman kızına "Kızım etrafa bir bak, kimseyi görebiliyor musun?" dedi. Kızı "Hayır" deyince, "O zaman henüz vaktim gelmemiş" dedi. Sonra kızına bir koyun kesip pişirmesini emretti ve o da yaptı. Sonra "Beni defin için gelenlere "Ebu Zerr sizden Allah aşkına bundan yemeden gitmemenizi istedi" de" dedi. Yemek pişince kızına "Bir daha bak, birilerini görebiliyor musun?" dedi. O "Evet, işte şunlar gelmekte olan bir kafile" dedi. Kızına "Beni kıbleye çevir" dedi; o da yaptı. Sonra "Bismillahi ve alâ milleti rasûlillâh" (Allah'ın adıyla ve Allah Rasûlü'nün şeriatı üzerine) dedi. Sonra kızı dışarı çıkıp onları karşıladı ve "Allah size merhamet etsin. Ebû Zer'in ölümünde bulunun ve O'nu defnedin" dedi. Onlar "Nerede o?" dediler. Yerini gösterdi. Ancak O vefat etmişti. "Allah bize böylesi bir ikramda bulundu" dediler.

Bunlar Kûfe'den gelmekte olan bir kafileydi ve aralarında Abdullah b. Mesud (radıyallâhu anh) vardı. Yanına gittiler. Abdullah b. Mesud (radıyallâhu anh) ağladı ve Rasûlullah (sallallâhu aleyhi ve sellem) ne kadar doğru buyurmuş: "Allah Ebû Zer'e merhamet etsin. O tek yürür, tek ölür ve tek diriltilir" dedi.

O'nu yıkadılar, kefenlediler, cenaze namazını kılıp defnettiler. Yola çıkmak istediklerinde kızı "Ebu Zerr size selam söyledi ve Allah aşkına sizden bundan yemeden gitmemenizi istedi" dedi. Onlar da yediler. Sonra ailesini alıp Mekke'ye götürdüler ve orada vefatını Osman (radıyallâhu anh)'a haber verdiler. O da ailesini himayesine aldı ve "Allah Ebû Zer'e rahmet etsin. Rafi b. Hudeyc'i de susmasından dolayı bağışlasın", bir rivayete göre ise "Rabze'ye yerleşmesinden dolayı Allah O'nu affetsin" dedi.

b. Abdurrahman b. Avf (radıyallâhu anh):

Abdurrahman b. Avf (radıyallâhu anh) İslâm'a ilk girenlerdendi. Uhud savaşına katıldı ve yirmi bir yerinden yaralandı. Rasûlullah (sallallâhu aleyhi ve sellem) O'na dua etti ve "Abdurrahman b. Avf gökte de emindir, yerde de emindir" dedi.

Başarılı, eli bereketli, alış- verişte yetenekli bir tüccardı. Allah yolunda infakında büyük fedakarlık gösterdi. Rasûlullah (sallallâhu aleyhi ve sellem) zamanında malının yarısını, sonra kırk bini, sonra kırk binini daha infak etti. Allah yolunda cihad için beş yüz atı teçhiz etti. Cennetle müjdelenen on sahâbîden (aşere-i mübeşşere) ve şura ehlindendi.

Yetmiş beş yaşına geldiğinde vefat edeceği zaman elli bin dinarı Allah yolun infak etti. Bedir ehlinden geride kalanların - o vakit sayıları yüz idi- her birine dört yüz dinar verilmesini ve bin atın cihad için teçhiz edilmesini vasiyet etti.

Vefat ettiğinde Hz. Ali (radıyallâhu anh) "Git ey Avf'ın oğlu! Bulanığını geçip safına ulaştın"dedi. Cenaze namazını Hz. Osman (radıyallâhu anh) kıldırdı. Cenazesine katılanlar arasında Sa'd b. Ebi Vakkas (radıyallâhu anh) da vardı.

c. Abbas b. Abdulmuttalib (radıyallâhu anh):

Rasûlullah'ın (sallallâhu aleyhi ve sellem) amcası olup O'ndan on yaş büyüktür. Bedir'den sonra Müslüman oldu. Bedir için de Kureyşlilerin zorlamasıyla çıkmıştı. Esir düştü, sonra fidye vererek kurtuldu, daha sonra da Müslüman oldu.

Rasûlullah'ın (sallallâhu aleyhi ve sellem) Mekke'deki casusuydu. Kureyşlilerin haberlerini ve faaliyetlerini sürekli bir şekilde yeğenine ulaştırırdı.

En büyük oğlunun adıyla künyelendi ve "Ebu Fadl" dendi. "Ümmü Fadl (Fadl'ın annesi)" diye çağırılan eşi de İslâm'a ilk girenlerdendi. Medine'ye Mekke'nin fethinden biraz önce hicret etti.

İslâmından sonra Rasûlullah (sallallâhu aleyhi ve sellem) O'na saygı gösterir ve yüceltirdi. "Ey insanlar, kim amcama eziyet ederse bana eziyet etmiştir; çünkü kişinin amcası babasının ikizidir" derdi.

Kuraklık yılında Hz. Ömer (radıyallâhu anh) Allah'tan (c.c.) onu tevessül ederek yağmur istedi. Hz. Ömer (radıyallâhu anh) duasında "Allahım! Biz kuraklık yaşadığımızda sana Peygamberimizle tevessül ederdik (Senden O'nun aşkına isterdik), Sen de bize yağmur yağdırırdın. Bugün de Sana Peygamberimizin amcasıyla tevessül ediyoruz, bize yağmur yağdır" dedi ve onlar Medine'ye dönmeden yağmur yağdı.

Abbas (radıyallâhu anh) arkasında on erkek evladı bıraktı. Bunların en meşhuru "Ümmetin alimi ve Kur'an'ın tercümanı" vasfıyla meşhur Abdullah'tır (Abdullah b. Abbas).

Abbas (radıyallâhu anh) Medine'de vefat etti. Cenaze namazını Osman (radıyallâhu anh) kıldırdı. Vefat ettiğinde yaşı seksen sekizi aşmıştı.

d. Abdullah b. Mesud (radıyallâhu anh):

İslâm'ın ilk doğduğu dönemde Müslüman oldu. Şöyle anlatır: Ukbe b. Ebi Mu'ti'nin koyunlarını güden, büluğ çağında bir genç idim. Nebi (sallallâhu aleyhi ve sellem) Ebû Bekir (radıyallâhu anh) ile geldi ve bana "Ey genç! Yanında süt var mı?" dedi. "Evet, ancak ben emanetçiyim" dedim. Nebi (sallallâhu aleyhi ve sellem) "Koçun üzerine zıplamadığı bir kuzu getir" dedi. Ben de iki yaşında bir koyun getirdim. Rasûlullah (sallallâhu aleyhi ve sellem) onu tuttu ve göğsünü okşadı. Sürekli dua ediyordu; sonunda süt aktı. Ebû Bekir bir tas götürdü ve Nebi süti ona sağdı. Sonra O'na "İç" dedi. Ebû Bekir (radıyallâhu anh) içti, sonra Nebi (sallallâhu aleyhi ve sellem) içti. Sonra koyunun göğsüne "Çekil, toparlan" dedi. O da çekildi ve eski haline döndü. Bunun üzerine Nebi'nin (sallallâhu aleyhi ve sellem) yanına gittim ve "Ey Rasûlullah! Bana bu sözden öğret" dedim. Başımı okşadı ve "Sen kendisine öğretilecek bir gençsin" dedi.

O'ndan yetmiş sure aldım ve onların hiçbirinde hiç bir beşer benimle yarışamaz."

Sonra Abdullah b. Mesud (radıyallâhu anh) Mekke'de Kureyşlilerin ortasında Kur'an'ı açıktan okuyan ilk kişidir ve bunun üzerine kendisine çok eziyet edilmiştir. Bazı sahâbîler O'na "İşte senin hakkında korktuğumuz da buydu" dediler. "Allah'ın düşmanları hiçbir zaman gözümde bugünkü kadar basitleşmemişti. Vallahi isterseniz yarın sabah gidip aynısını bir daha yapabilirim" dedi. Onlar "Bu kadar yeterli. Onlara istemedikleri şeyi işittirdin" dediler.

Sonra Rasûlullâh (sallallâhu aleyhi ve sellem) O'nu en yakınlarından yaptı. Dilediği vakit huzuruna varır, O'nun yanında ve önünde yürür, uyuduğunda namaza kaldırırdı.

İki hicreti de yaptı. Rasûlullah'la (sallallâhu aleyhi ve sellem) her savaşa katıldı, hiçbirinden geri kalmadı.

Yermük'te de bulundu. Ömer (radıyallâhu anh) O'nu Kûfe'ye gönderdi ve "Ben size Ammar b. Yasir'i vali, Abdullah b. Mesud'u öğretmen ve vezir (vali yardımcısı) olarak gönderiyorum. Bunlar asil ve seçkin insanlardır. Rasûlullah'ın (sallallâhu aleyhi ve sellem) sahâbelerinden ve Bedir ehlindendirler. Onun için bunlara uyun, itaat edin ve sözlerini dinleyin. Abdullah'ı size göndermekle size büyük bir fedakarlık yapmakta, sizi kendime tercih etmekteyim" dedi.

Hastalanıp ölüm döşeğine düştüğünde Osman (radıyallâhu anh) O'nu ziyaret etti ve "Şikayetin nedir?" diye sordu. Abdullah b. Mesud (radıyallâhu anh): "Günahlarım" dedi. Sonra aralarında şu konuşma geçti: "Canın ne istiyor?". "Rabbimin rahmetini". "Sana doktor getirteyim mi?". "Beni doktor hasta etti.". "Haznedara sana bir miktar para vermesini emredeyim."

"Benim ona ihtiyacım yok". "Kızların için olsun". "Kızlarım için fakirlikten mi korkuyorsun? Ben onlara her gece Vakıa suresini okumalarını tavsiye ettim; zira Rasûlullah'ı (sallallâhu aleyhi ve sellem) 'Kim her gece Vakıa suresini okursa ona hiçbir zaman fakirlik dokunmaz' buyururken işittim.

Abdullah b. Mesud (radıyallâhu anh) vefat ettiğinde altmış küsür yaşındaydı.

e. Ebû Derda (radıyallâhu anh):

Asıl ismi Uveymir b. Malik'tir. Medinelidir ve Ensardandır. İslâm'a girmesi gecikmiş, ancak iyi bir Müslüman olmuştur. İslâmî bilgisi geniş, akıllı ve halim biriydi.

Mescid-i Nebevi'nin kapısı tarafında bir dükkanı vardı. O'nu ilim ve ibadetten alıkoyduğunu düşününce sattı ve kendisini Allah'la (c.c.) ticarete verdi. Bir gün günah işlemiş bir adamın etrafında toplanan ve ona söven insanların yanından geçiyordu. Onlara "Onu bir kuyuda bulsanız çıkarmaz mısınız?" dedi. "Çıkartırız" dediler. "Öyleyse kardeşinize sövmeyin ve sizi bu günahtan koruyan Allah'a (c.c.) hamdedin" dedi. "Ona nefret beslemiyor musun?" dediler. "Onun yaptığı harekete nefret besliyorum. Onu terk ederse kardeşimdir" dedi.

Şam fethindeki savaşlarda bulundu; sonra Dımeşk'e yerleşti. Hadis nakledici, Kur'an okutucu ve kadı bir zattı.

Vefat edeceği zaman ağladı. Eşi Ümmü Derda "Sen Rasûlullah'ın (sallallâhu aleyhi ve sellem) arkadaşı olduğun halde ağlıyor musun?" dedi. Ebû Derda (radıyallâhu anh) "Evet... Neden ağlamayayım. Günahlarımın nereden saldıracaklarını bilmiyorum" dedi.

f. Mikdad b. Esved (radıyallâhu anh):

Hicrî 34 yılında vefat etti. Çok evvel Mekke'de Müslüman oldu. Yemen'in Kinde kabilesindendi. Oradaki öldürdüğü birinden dolayı kaçarak Mekke'ye geldi. Mikdad b. Amr adıyla bilinirdi. Mekke'ye gelip Esved b. Abdilesved el-Mahzumi'nin yanında bir yere yerleşince O'na Mikdad b. Esved adı verildi. Bedir günü büyük kahramanlıklar gösterdi. O gün şu sözü söyleyen O idi: "Ya Rasûlallah! Emrolunduğun şeye yürü; biz seninleyiz. Vallahi İsrailoğullarının Musa'ya söyledikleri gibi "Sen ve Rabbin gidin de siz savaşın. Biz burada oturmaktayız" demeyiz. Bilakis "Sen ve Rabbin gidin ve savaşın, biz de sizinle savaşacağız" deriz. Sen bizi denizi geçmek için yürütsen oraya ulaşana kadar mücadele ederiz"

Rasûlullah'la (sallallâhu aleyhi ve sellem) tüm savaşlara katıldı ve hiçbirinden geri kalmadı.

Riddet savaşında ve Şam fethi savaşlarında da büyük kahramanlıklar sergiledi. Amr b. As'la Mısır'ın fethine katıldı[98]. Sonra Irak'a gitti ve Farslarla yapılan savaşlarda bulundu. Orada da övgüye layık anılar ve izler bıraktı.

Medine'nin Ceref adındaki mahallesindeki evinde vefat etti. Sonra Baki mezarlığına götürülüp defnedildi. Cenaze namazını Osman (radıyallâhu anh) kıldırdı.

g. Ebû Talha el-Ensarî (radıyallâhu anh):

O da Hicrî 34 yılında vefat etti. Adı Zeyd b. Sehl idi Bedir ve sonraki gazvelere iştirak etti. Usta okçuydu ve çok cesurdu. Uhud günü Rasûlullah'ı (sallallâhu aleyhi ve sellem) o korumuştu ve sürekli "Boğazım boğazından önemsizdir, canım canından önemsizdir" diyordu.

98　Hz. Ömer (radıyallâhu anh), Amr b. As'a yardım için gittiğinde O'nu bin süvariye denk saydı.

Rasûlullah (sallallâhu aleyhi ve sellem) O'nun hakkında şu övgüde bulunmuştur: "Orduda Ebû Talha'nın sesi yüz kişinin sesinden iyidir." Huneyn günü tek başına yirmi müşrik öldürmüştür.

Medine'de vefat etmiştir. Vefat ettiğinde yaşı yetmişi aşmıştı. Cenaze namazını Osman (radıyallâhu anh) kıldırdı ve Baki mezarlığına defnedildi.

h. Ubade b. Samit (radıyallâhu anh):

O da Hicrî 34 yılında vefat etti. İkinci Akabe biatına katılanlardandır. Rasûlullah'la (sallallâhu aleyhi ve sellem) tüm savaşlara katılmıştır. Şam ve Mısır'ın fethi savaşlarında da bulunmuştur. Şam diyarında insanlara İslâmî öğreten muallimlerdendi ve O'nu oraya Hz. Ömer (radıyallâhu anh) göndermişti. Ubade (radıyallâhu anh) bir süre Humus'ta kaldıktan sonra Filistin'e geçti ve oraya yerleşti. Kıbrıs savaşına ve fethine katılan sahâbîlerin önde gelenlerindendi. Eşi Milhan kızı Ümmü Haram orada şehid oldu. Ubade yetmiş iki yaşında Remle'de vefat etti ve orada defnedildi. Bir rivayete göre ise Kudüs'te vefat etmiştir.

Soru: Irak'ta Osman (radıyallâhu anh)'a karşı fitne nasıl başladı? Kim ve niçin yaptı?

Cevap: Fitne vali Said b. Ebi'l-As'ın meclisinde, Kûfe'nin eşrafından olan gece sohbeti arkadaşları sebebiyle başladı. Bunlar Huneys b. Fulan el-Esedi ile oğlu Abdurrahman idi. Bunlar Said'e yaklaşmak için lüzumsuz konuşmalar yaptılar. Abdurrahman heyecanlı ve deli-dolu yeni yetişme bir gençti. Mecliste Eşter[99], İbni Zilhibke, Cündüb, Sa'saa, İbn Keva, Ki-

---

99   Adı Malik b. Ka'b'tır ve Eşter et-Tuh'i diye meşhurdur.

meyl ve Umeyr b. Dayi' vardı ve hepsi de Osman (radıyallâhu anh)'ı sevmeyen kimselerdi. Abdurrahman'a karşı çıktılar ve sövdüler.

Soru: Abdurrahman b. Huneys ile babasını neden dövdüler?

Cevap: Abdurrahman'a en çirkin sözlerle sövgüde bulundular. Babası O'nu müdafaa etmeye çalıştı ve "O daha yeni yetme genç"dedi. Ancak O'nu dinlemediler ve "Sen O'na arka çıkmasan böyle yapmaz"dediler. Sonra kavga iyice büyüdü. Kalkıp Abdurrahman ile babasını dövdüler. Bütün bunlar valinin meclisinde oluyordu. Güvenlik sorumlusu Abdurrahman el-Esedi olaya müdahale etmeye çalıştı; fakat O'nun da üzerine saldırdılar ve altlarında ezdiler.

Soru: Abdurrahman ile babasının milleti intikamlarını aldılar mı? Vali ne yaptı?

Cevap: Esedoğulları olayı işittiler ve intikam almak için beraberlerinde Tuleyha b. Huveylid el-Esedi ile birlikte olay yerine koştular ve sarayı kuşattılar. Vali Said huzurlarına çıktı ve "İnsanlar! Bunlar birbirleriyle tartışıp dovuştular. Allah lutfetti de sonra bunu bırak eski hallerine döndüler ve oturup sohbetlerine devam ettiler" dedi. Bunun üzerine sustular ve dağıldılar.

Sonra Said dövülen Abdurrahman ile Huneys'e "Hayatta mısınız?" diye sordu. "Bizi adamların öldürdü" dediler. Vali onları rahatlattı ve "Allah aşkına, bana hiçbir zaman düşmanlık yapmayın. Hakkımda dilinizi tutun ve insanları bana kışkırtmayın" diye ısrarla ricada bulundu. Onlar da öyle yaptılar.

Soru: Kûfe eşrafı ne yaptı?

Cevap: Ancak bu fitne büyüdü. Kûfe eşrafı Hz. Osman (radıyallâhu anh)'a mektup yazarak durumu bildirdiler ve bu kimselerin aralarından çıkarılması talebinde bulundular.

Hz. Osman (radıyallâhu anh) onlara yazdığı mektupta şöyle dedi: "Eğer insanlar bunda ittifak ederlerse onları Şam'daki Muaviye'ye götürün".

Soru: Hz. Osman (radıyallâhu anh) Muaviye'ye ne yazdı?

Cevap: Muaviye'ye şöyle yazdı: "Kûfeliler sana fitne çıkaran birilerini gönderecekler. Onlara bak ve göz kulak ol. Onlarda iyi hasletler sezinlersen bunu onlardan kabul et. Seni yorarlarsa sen de karşılık ver".

Soru: Yanına gelince Muaviye (radıyallâhu anh) onlara ne dedi?

Cevap: Onları en iyi şekilde karşıladı ve çok iyi bir yere yerleştirdi[100]. Hz. Osman (radıyallâhu anh)'ın emrettiği gibi onlara maaş bağladı. Bu onlara Kûfe'de verilenin aynısıydı. Öyle ki onlarla oturup kalkar, yer içerdi.

Bir gün onlara şöyle dedi: "Siz Arap milletinden yaman bir kabilesiniz. İslâm'la müşerref oldunuz ve milletlere galebe çaldınız, onları kıskacınız altına aldınız. Duyduğuma göre Kureyş'e karşı intikam duyguları taşıyormuşsunuz. Oysa Kureyşliler olmasa siz önceki gibi yine zelil olursunuz. Yöneticileriniz sizi şimdiye kadar hep korudular; bu korumaya engel olacak iş yapmayınız. Yöneticileriniz bugün de sizin zulümlerinize sabretmekteler. Vallahi ya bundan vazgeçersiniz, yoksa

---

100 Meryem kilisesi adında bir kiliseye yerleştirdiği söylenir.

Allah başınıza size zulmeden kişileri getirir. Böylece hayattay-
ken ve öldükten sonra halkınızın başına gelecek kötü şeylere
sebebiyet vermenizden dolayı bu zulümde onlara ortak olmuş
olursunuz."

Muaviye'nin bu sözleri nasihatti, her şeyi yerine koymaktı
ve onlara yapılmış bir uyarıydı.

Soru: Beraberlerindeki Sa'saa ne cevap verdi?

Cevap: Sa'saa Muaviye'ye "Kureyş hakkında söyledikle-
rine gelince; onlar cahiliyye döneminde Arapların en kalabalı-
ğı ve en güçlüsü değildi ki bizi korkutsunlar. Bahsettiğin koru-
maya gelince; o kaldırılacak olursa iş bizim başımıza düşmüş
olur."

Soru: Muaviye (radıyallâhu anh) O'na ne cevap verdi? Kureyş'in üstünlüğü ile ilgili neler söyledi?

Cevap: Muaviye şöyle dedi: "Sizi şimdi tanıdım. Bildim ki
sizi buna iten ve aldatan aklınızın kıtlığıdır. Sen milletinin ha-
tibisin, ama sende akıl denen bir şey göremiyorum. Ben sana
İslâm'ın azametinden bahsediyor ve onu hatırlatıyorum; sen
ise bana cahiliyye döneminden bahsediyorsun. Allah (c.c.),
sizi yücelten ve durumunuzu halifeye kadar götüren kimseleri
zelil etsin. Şunu iyi anlayın ki -gerçi pek anladığınızı sanmı-
yorum- Kureyş, cahiliyye döneminde de İslâm döneminde
de ancak Allah'la güçlü olmuştur. Evet, Arapların en çoğu ve
en güçlüsü değillerdi; ancak en şereflileri, en önemlileri ve en
mürüvvetlileri idiler. Cahiliyye döneminde insanlar birbirleri-
ni yerken onlar ancak Allah'la güçlü oldular. O Allah ki, aziz
ettiğini zelil edecek, yükselttiğini alçaltacak hiç kimse yoktur.
Etrafındaki insanlar dört bir yandan saldırıya uğrarlarken Al-
lah onların yurdunu güvenli bir yurt kılmıştı. Biliyor musun,

Arap-Acem, siyah-beyaz insanlar arasında Kureyş'ten başka başlarına bela gelmedik bir başka millet biliyor musun? Üstelik onların da bir devleti yoktu. İnsanlardan kim onlara bir tuzak kurduysa Allah (c.c.) onu zelil etmiştir.

Nihayet Allah (c.c.) iyilerden olup dinine uyanları dünya zilletinden ve ahiret azabından kurtarmayı diledi ve bunun için en değerli kulu Muhammed'i (sallallâhu aleyhi ve sellem) seçti. Sonra O'na ashab, arkadaşlar seçti. Onlar da Kureyşlilerin en iyileriydiler. Sonra bu hakimiyet ve devleti onlar üzerine bina etti ve hilafeti onlara verdi. Bu iş ancak onların omuzlarında yürür. Allah kâfirlerken cahiliyye döneminde onları korurken, dini üzereyken onları korumayacağını mı sanıyorsun?..."[101]

Soru: Muaviye yanlarına tekrar geldi mi, onlara neleri hatırlattı?

Cevap: Evlerine gitmeyip onları yanına çağırttı ve onlara şöyle dedi: "Size şunu hatırlatmak isterim ki, günahlardan masum Allah Rasûlü (sallallâhu aleyhi ve sellem) beni vali yaptı ve bu işe soktu. Sonra Ebû Bekir (radıyallâhu anh) halife oldu; beni vali yaptı, sonra Ömer (radıyallâhu anh) halife oldu; beni yine vali yaptı, sonra Osman (radıyallâhu anh) halifelik oldu; beni yine vali yaptı. Beni göreve kim getirdiyse benden razı oldu.

Rasûlullah (sallallâhu aleyhi ve sellem) valilik için Müslümanlardan zengin ve cömert kimseleri seçmiştir. Allah'ın da (c.c.) ani yakalamaları ve ansızın esen rahmet rüzgarları vardır. Kendisine tuzak hazırlayanı tuzağa düşürür. Onun için, hakikatte kendinizin göründüğünüzden farklı olduğunuzu bildiğiniz halde bu işe el atmayın. Allah (c.c.) sınamak ve insanlara gerçek

---

101 Bunu Muaviye'nin uzun konuşmasından seçtik. İsteyen kaynağına başvurup hepsini okuyabilir.

halinizi göstermek için sizi kendi halinize bırakacaktır. Zira O (c.c.) *"Elif, lam, mim. İnsanlar inandık demekle, denenmeden bırakılacaklarını mı sandılar"* (Ankebut: 1, 2) buyurmuştur.

Soru: Muaviye Osman (radıyallâhu anh)'a yazdığı mektupta O'na neleri danıştı?

Cevap: Muaviye (radıyallâhu anh) Osman (radıyallâhu anh)'a yazdığı mektupta şöyle demişt: "Bana akılları ve dinleri olmayan ve adaletten bıkan insanlar geldi. Hiçbir şeyde Allah rızasını gözetmiyorlar ve hiçbir hüccete dayanmadan konuşuyorlar. Tek dertleri fitne çıkarmak ve zimmet ehlinin geveledikleri şeyler. Allah onları deneyecek ve sınayacak, sonra rezil rüsvay edecektir. Bunlar beraberlerinde başkaları olmadan tek başlarına hiç kimseye zarar veremezler. Fitne ve kargaşa çıkartabilecek kadar kalabalık değiller."

Soru: Bunlar Dımeşk'ten çıktılar mı, nereye gittiler?

Cevap: Dımeşk'ten çıktılar ve kendi kendilerine "Kûfe'ye dönmeyelim ki ahalisi bizimle alay etmesin. Irak'ı da Şam'ı da bırakın. Bunlar bizim oturacağımız yerler değil"dediler. Bunu öğrenen Humus valisi Abdurrahman b. Halid b.Velid onları yanına çağırttı. Getirilince onlara şöyle dedi: "Ey Şeytan'ın oyuncakları! Hoş gelmediniz. Şeytan bozguna uğrayıp işini bıraktı da siz iş başındasınız! Sizi rezil edene ve hizaya getirene kadar uğraşmazsa, Allah Abdurrahman'ı rezil etsin. Ey ne idiklerini bilmediğim millet! Siz Acem misiniz, Arap mısınız? Ben zorlukların pişirip olgunlaştırdığı, mürted hareketinin gözünü oyan adamın (Halid b. Velid) oğluyum. Muaviye'ye söylediğinizi işittiğim sözleri sakın bana söylemeyin. Ey Sa'saa, eğer beraberimdekilerden biri senin burnunu ezer, sonra seni ufalayıp toz haline getirirse seninle ta uzaklara uçarım."

Soru: Abdurrahman b. Halid onlara nasıl davrandı?

Cevap: Onları yanında birkaç ay tuttu. Bineğine her binişinde onları önüne katıp yürütürdü. Sa'saa'nın yanından geçerken O'na "Ey Hatie'nin oğlu! İyiliğin ıslah etmediğini kötülüğün ıslah ettiğini öğrendin mi? Said ve Muaviye'ye söylediklerini bana neden söylemiyorsun?" diyordu. Onları bu şekilde yordu; bitirdi ve zelil etti.

Sonunda "Allah'a tevbe ediyoruz. Bizi bağışla, Allah da seni bağışlasın"dediler. Israrla af diledikten sonra nihayet Abdurrahman onları affetti ve "Allah sizi affetsin. Dilerseniz gidin, dilerseniz burada kalın" dedi. Eşter Medine'ye Hz. Osman (radıyallâhu anh)'ın yanına gitmeyi tercih etti. Abdurrahman b. Halid de gitmesine izin verdi.

Soru: Eşter orada ne yaptı?

Cevap: Eşter Medine'ye Hz. Osman (radıyallâhu anh)'ın yanına giderek O'na tevbesini ve pişmanlığını belirtti ve kendisinin artık değiştiğini söyledi. Aynı şeyleri arkadaşlarına vekaleten onların diliyle de söyledi. Osman (radıyallâhu anh) "Allah size selamet versin" dedi. Sonra O'na "Nereyi dilersen oraya yerleş; Kûfe, Şam veya Humus" dedi. O da Humus'u ve valisi Abdurrahman'ı tercih etti. Humus valisinin kendisine ve arkadaşlarına davranışını övdü. Hz. Osman (radıyallâhu anh) da: "Pekala, öyle yapın" dedi.

Soru: Kûfe'nin başkanlardan ve sözü geçen komutanlardan mahrum olduğu dönem oldu mu?

Cevap: Said hesabını tam yapmadığı bir planla, Kûfe'yi sözü geçen adamlardan ve etkili komutanlardan mahrum bıraktı. Çünkü bunlardan onunu İslâm'ın yayıldığı bölgelere vali atadı. Zira Fars diyarındaki fetihler Horasan'a ve Hazar gölü kıyısındaki Hazar bölgesine kadar ulaşmıştı.

Said, Eş'as b. Kays'ı Azerbaycan'a, Said b. Kays'ı Reyy'e, Niseyr el-Acli'yi Hemedan'a, Saib b. Akra'yı İsfahan'a, Malik b. Hubeyb'i Mah'a, Hakim b. Selâm'ı Musul'a, Selman b. Rebia'yı Bab'a, Uteybe b. Nuhas'ı Hulvan'a gönderdi. Ka'ka'yı da genel harp komutanı yaptı.

Soru: Hz. Osman (radıyallâhu anh) Kûfe valisi Said b. Ebi'l-As'ı neden görevinden aldı?

Cevap: Kûfe'nin bu büyük adamlardan yoksun olması Said b. As'ın gücünün azalmasına ve fitnecilerin insanları tahrikine sebep oldu. Said Medine'ye gitmek üzere Kûfe'den çıkınca bu fitneciler Yezid b. Kays'ın başkanlığında Kûfe'ye döndüler. Sonra Osman (radıyallâhu anh)'a Said'ı alıp yerine Ebû Musa Eş'ari'yi (radıyallâhu anh) getirmezse O'nu kendilerinin azledecekleri tehdidinde bulundular. Osman (radıyallâhu anh) da fitnenin insanlar arasında yayılmasını önlemek için onlara boyun eğdi ve şöyle yazdı:

"İmdi... Sizi Said'den kurtarıp başınıza seçtiğiniz kişiyi getirdim. Vallahi size şerefimi borç vereceğim; tüm sabrımı sergileyeceğim ve tüm gayretimle sizi ıslah için çalışacağım. Allah'a isyan olmadığı sürece arzuladığınız her şeyi benden isteyin ve yine Allah'a karşı günah olmadığı sürece hoşunuza gitmeyen her şeyden kurtulmak için talepte bulunun. Allah'a karşı hiçbir deliliniz kalmaması için istediklerinizi verecek ve sizi dileklerinize ulaştıracağım."

Soru: Fitnenin başları İbn Sevda ile haberleşiyorlar mıydı?

Cevap: Fitne ve isyanın başları, sürekli mektup yoluyla haberleşerek, Osman (radıyallâhu anh)'a ve valilerine, görevlilerinden intikam alma duygularını harekete geçiren İbn Sevda ile sürekli bir iletişim halindeydiler. İbn Sevda elinden gelen hiçbir şeyi ardına koymuyor, her türlü propagandadan geri kalmıyordu. Belli bir yerde de durmayıp sürekli diyar diyar dolaşıyordu.

Soru: İbn Sevda kimdir?

Cevap: İbn Sevda daha önce geçtiği gibi Abdullah b. Sebe'dir. Arabistan'ın güneyindeki (Yemen) Yahudilerindendi. Görünüşte Müslüman oldu ve Müslümanları Osman (radıyallâhu anh)'a karşı kışkırttı. Propagandasını dört bir yana yaydı. Hicaz, Basra, Kûfe, Şam ve Mısır'da gezerek insanları isyana çağırdı.

İnsanları Hz. Osman'a (radıyallâhu anh) karşı kışkırttığı gibi, daha sonra -ileride geleceği üzere- Hz. Ali'ye karşı da kışkırttı.

Okuyucu kardeşim, sakın ola Abdullah b. Sebe'nin, hakikati olmayan uydurma ve hayali bir şahsiyet olduğu iddiasına inanma; zira istisnasız tüm tarihçiler O'nun varlığında müttefiktirler.

Soru: Hz. Osman (radıyallâhu anh)'ın Kûfe'ye atadığı Ebû Musa Eş'ari (radıyallâhu anh) halka ne konuşma yaptı?

Cevap: Daha önce geçtiği üzere Hz. Osman (radıyallâhu anh), fitnecilerin belirlemesiyle Kûfe'ye Ebû Musa Eş'ari'yi (radıyallâhu anh) atadı.

Ebu Musa Eş'ari Kûfe'ye gelince insanlara şöyle hitap etti: "Ey insanlar! Böyle bir şeye bir daha çağırmayın. Bu tür şeyleri bir daha sakın yapmayın. Cemaatten ve itaatten ayrılmayın. Sakın aceleci olmayın." Onlar da kabul ettiler ve "Bize namaz kıldır" dediler. O, "Osman (radıyallâhu anh)'ı işitip itaat etmek üzere bana söz vermediğiniz sürece hayır" dedi. Bunun üzerine onlar "Osman (radıyallâhu anh)'ı dinleyip itaat edeceğiz" dediler.

Soru: Fitnenin başları Hz. Osman (radıyallâhu anh)'ın karşısına çıkma ve O'nunla tartışma cür'etinde bulundular mı? Temsilcileri kimdi?

Cevap: Osman (radıyallâhu anh), valileri ve görevlileri hakkındaki dedikodular özellikle Kûfe olmak üzere dört bir yana yayıldı ve mesele büyüdükçe büyüdü. Hatta fitnecilerin ve isyancıların gitmedikleri ve propoganda yapmadıkları hiçbir meclis ve ev kalmadı. Sonunda, O'na tavırlarının özetini bildirecek birini seçip göndermeye karar verdiler ki, amaçları Osman'a hilafeti bırakmaktı.

Valileri değiştirmekle yetinmeyip halifeye kadar karışma cür'etini gösterdiler.

O'na Amir b. Abdullah el-Kaysi'yi gönderdiler. Huzuruna vardı ve "Bir takım Müslümanlar toplanıp senin yaptıklarını ele aldılar ve çok büyük suçlar işlediğini gördüler. Allah'tan kork, O'na tevbe et ve bu işi bırak" dedi.

Soru: Hz. Osman (radıyallâhu anh) ne cevap verdi?

Cevap: Amir b. Kays, Mü'minlerin emiri ve Zinnureyn (iki nur sahibi) Osman (radıyallâhu anh)'a böylesine kaba ve katı bir üslupla hitap etti. Osman (radıyallâhu anh) meclisindekilere

"Şuna bakın! İnsanlar kendilerini Kur'an okuyucusu (alim) sanıyor, sonra gelip basit şeylerde benimle konuşuyorlar.. Vallahi bu Allah'ın nerede olduğunu bile bilmez" dedi. Amir: "Ben Allah'ın nerede olduğunu bilmiyor muyum?" dedi. Osman (radıyallâhu anh) "Evet, Vallahi Allah'ın nerede olduğunu bilmiyorsun" dedi. Amir: "Hayır, ben Allah'ın nerede olduğunu biliyorum. Allah seni gözetlemekte" dedi.

Soru: Hz. Osman (radıyallâhu anh) yakın adamlarıyla istişare etti mi? Onlar kimlerdir?

Cevap: Osman (radıyallâhu anh) şura heyetinden seçkinleri yeni olayları sunmak için yanına çağırttı. Bunlar Muaviye, Amr b. As, Said b. Ebi'l -As, Abdullah b. Sa'd b. Ebi Serah ve Abdullah b. Amir idi.

Toplanınca onlara "Her kişinin yardımcıları ve nasihatçileri vardır. Siz de benim yardımcılarım, nasihatçilerim ve güven duyduğum kimselersiniz. Bazı insanlar şu gördüğünüz şeyleri yaptılar. Benden valileri azletmemi ve istemedikleri her şeyi bırakıp istediklerine dönmemi istediler. Düşünün ve bana bir yol gösterin" dedi.

Soru: Onlar ne görüş beyan ettiler?

Cevap: Abdullah b. Amir şöyle dedi: "Mü'minlerin emiri, benim görüşüm bunlara cihadı emrederek sizinle uğraşmalarını terk ettirmeniz. Savaşlarda bulunsunlar ki size itaat etsin, boyun eğsinler. Her birinin tek uğraşısı kendi nefsi olsun. Sadece bineğinin sırtı ve kürkünün kiriyle uğraşsın."

Osman (radıyallâhu anh) Amr b. Âs'a (radıyallâhu anh) "Senin görüşün nedir?" dedi. Amr b. Âs (radıyallâhu anh): "Bana göre sen insanları huzursuz eden şeyler yaptın. Onun için kesin bir şekilde adaletli olmaya, yoksa uzlete karar ver. Onu da düşünmezsen büyük bir kararlılıkla yoluna devam et" dedi.

Osman (radıyallâhu anh) Amr'ın sözüne sinirlendi ve "Kürkün biti mi? Bu ne ciddiyetsizlik!" dedi. Amr: "Hayır ey Mü'minlerin emiri, sen benim için bundan daha değerlisin. Ancak ben insanların her birimizin burada ne söylediğinden haberinin olacağını bildiğimden sözüm onlara ulaşınca bana güvenmelerini istedim. Ben seni hayra iletmek veya senden şerri def etmek isterim" dedi.

Hz. Osman (radıyallâhu anh) hepsine danıştıktan, görüş ve sözlerini dinlediklen sonra valilerini yerlerine gönderdi ve halklarına sıkı davranmalarını emretti. Ordunun sürekli düşmanla savaş halinde bulundurulması emrini verdi. Kendisine ihtiyaç duymaları ve itaat etmeleri için maaşlarını dondurmaya karar verdi.

Soru: Hz. Ali (radıyallâhu anh) Hz. Osman (radıyallâhu anh)'ın yanına neden geldi?

Cevap: Hicrî 34 yılında bazı sahâbîler bazı sahâbîlere "Medine'ye gelin; cihad etmek istiyorsanız asıl cihad burada" diye yazdılar.

İnsanlar Osman (radıyallâhu anh)'a dil uzatmaya, hiç kimseye sarfetmedikleri en çirkin sözleri O'nun hakkında söylemeye başlamışlardı ve bu büyük bir hızla yayılıyordu. Bunun üzerine Zeyd b. Sabit, Ebû İseyd es-Saidi, Ka'b b. Malik, Hassan b. Sabit ve başkaları bir araya gelerek durumu görüştüler. Bunlar Hz. Osman (radıyallâhu anh)'ı müdafaa eden ve koruyan kimselerdi. Ancak öfke yayılmış, düşmanlık büyümüştü. Meseleyi apaçık ortaya koymak, açıkça nasihat etmek şarttı. Zira din nasihatti. Sonra Hz. Ali'den kendileri adına O'nunla konuşmasını, nasihat ve hatırlatmada bulunmasını rica ettiler. O da Hz. Osman (radıyallâhu anh)'ın yanına gitti ve O'nunla baş başa kaldı.

Soru: Hz. Ali (radıyallâhu anh) O'na ne tavsiye etti?

Cevap: Hz. Ali (radıyallâhu anh) şöyle dedi: "İnsanlar arkamdalar ve senin hakkında benimle konuştular. Vallahi sana ne söyleyeyim, bilmiyorum. Senin bilmeyip de benim bildiğim şeyler yok. Sena bilmediğin şeyler hakkında nasihat etmeyeceğim; sen bildiklerimizi biliyorsun. Senin ulaşmayıp bizim ulaştığımız, sadece bizim şahid olduğumuz olaylar yok. Sadece bizimle ilgili olan durumlar yok. Sen Rasûlullah'ı (sallallâhu aleyhi ve sellem) gördün, dinledin, arkadaşlık yaptın ve damadı olma şerefine ulaştın. Kuhafe'nin oğlu (Ebu Bekir) hak ve hakikati uygulamaya, Hattâb'ın oğlu (Ömer) hayır işleri yapmaya senden daha layık değillerdi. Sen akrabalıkta Rasûlullah'a (sallallâhu aleyhi ve sellem) daha yakınsın. Rasûlullah'a (sallallâhu aleyhi ve sellem) hısımlıkta bizim ulaşamadığımıza ulaştın. Hiçbir hususta seni geçemedik. Vallahi, Vallahi, sen kör bakışıyla bakmıyorsun; cahilin bilmesiyle bilmiyorsun. Yol ayan beyan ortada ve dinin şiarları hayatta.

Ey Osman! sen de biliyorsun ki, Allah'ın en değerli kulları doğru yola iletilmiş, ve insanları doğru yola ileten, bilinen sünnetleri dirilten, terk edilmesi gereken bid'atleri öldüren adil yöneticilerdir. Vallahi, hepsi de ortada. Hayatta olan sünnetlerin de, yapılan bidatlerin de adamları vardır. Biliyorsun ki Allah katında en şerli kişi sapan ve saptıran, bilinen sünnetleri öldüren ve terkedilmiş bid'atleri dirilten zalim yöneticidir. Ben Rasûlullah'ı (sallallâhu aleyhi ve sellem) şöyle buyururken işittim: "Kıyamet günü zalim, yanında hiçbir yardımcı ve özür beyan edicisi olmaksızın getirilir ve cehenneme atılır. Orada değirmen taşının döndüğü gibi döner durur. Sonra cehennemin taşkın alevine batar."

Ben seni Allah'a karşı uyarıyorum. O'nun intikamına, azabıyla yakalamasına karşı uyarıyorum. Çünkü O'nun azabı çetindir. Seni bu ümmetin öldürülen bir imamı olmaman için uyarıyorum. Çünkü denilir ki: Bu ümmetin bir imamı (yöneticisi) öldürülecek ve bunun üzerine öldürme ve savaş kıyamet gününe kadar devam edecek. Ümmet işleri bir türlü çözemeyecek ve Allah onları paramparça edecek. Batılın yüksekte olması sebebiyle hakka yardım etmeyecekler. İçinde yüzdükçe yüzecek, hep keyiflerine göre hareket edecekler."

Hz. Osman (radıyallâhu anh) O'nu dinledi ve şöyle dedi: "Ben onların bunları söylediklerini biliyordum. Vallahi sen benim yerimde olsaydın ben sana sert davranmaz, seni teslim etmez ve ayıplamazdım. Akrabalarıma sıla-i rahim yaptıysam, muhtacın ihtiyacını gördüysem, yuvasızı barındırdıysam, valileri Ömer'e benzer şekilde atadıysam hata mı yaptım? Allah aşkına söyle ey Ali! Sen Muğire b. Şu'be'nin bu işe layık olmadığını bilmiyor musun?"

Ali· "Biliyorum" dedi. Osman: "Ömer'in O'nu vali tayin ettiğini bilmiyor musun?"dedi. Ali (radıyallâhu anh): "Biliyorum" dedi. Osman (radıyallâhu anh): "Akrabam ve yakınım olarak benim İbn Amir'i vali tayin etmemi neden kınıyorsun?" dedi. Ali (radıyallâhu anh): "Ama sana bir şey söyleyeyim ki, Ömer birisini vali atadığında iki kulağı orada olurdu ve onlar hakkında olumsuz bir şey duyduğunda görevlerinden alıp, onları en uzaklara gönderirdi. Sen ise böyle yapmıyorsun. Akrabalarına karşı dirayetsiz ve şefkatli davranıyorsun" dedi. Osman (radıyallâhu anh) "Onlar senin de akrabaların" dedi. Ali (radıyallâhu anh): "Vallahi onlar benim yakın akrabalarım, ancak fazilet başka şeydedir"dedi.

Osman (radıyallâhu anh) "Ömer'in (radıyallâhu anh) hilafeti boyunca Muaviye'yi valilikte tuttuğunu biliyor musun?"dedi. Ali (radıyallâhu anh): "Ama Allah aşkına söyle; Muaviye'nin de Ömer'den, kölesi Merfe'nin Ömer'den korktuğundan daha çok korktuğunu biliyor musun?" dedi. Osman (radıyallâhu anh) "Evet" dedi.

Ali (radıyallâhu anh): "Ama Muaviye şimdi işler hakkında senin bilgin olmadan kararlar alıyor, sonra insanlara "Bu Osman'ın emri" diyor. Sonra bu haber sana ulaşıyor, ama sen O'nu değiştirmiyorsun" dedi ve Osman'ın (radıyallâhu anh) yanından çıktı.

Soru: Osman (radıyallâhu anh) camide Müslümanlara nasıl bir konuşma yaptı?

Cevap: Ardından Osman (radıyallâhu anh) camide minbere çıktı ve insanlara şöyle hitap etti: "İmdi... Her şeyin bir afeti, her nimetin bir belası vardır. Bu ümmetin afeti ve bu (halifelik) nimetin belası da ayıplayıcılar ve tenkitçilerdir. Onlar size söylerler de söylerler. Onlar koyun sürüsü gibidirler; ilk meleyene uyarlar. En sevdikleri otlak uzaktakidir. Ancak boğazdan zor geçeni içer, bulanıktan sulanırlar. Aklı başında bir önderleri yoktur. Durumlar onları yormuştur ve kazanç kapıları kapanmıştır. Vallahi siz Ömer'in yaptıklarını yaptığım şeylerde beni ayıplıyorsunuz. Ancak O sizi ayağıyla ezdi, eliyle vurdu, diliyle susturdu. Siz de istediğiniz ve istemediğiniz her şeyde O'na yaklaştınız. Ben ise size yumuşak davrandım, omzumu omzunuza koydum, elimi ve dilimi sizden çektim. Siz ise bana cür'etkar davranmaya başladınız. Vallahi ben adamca en güçlü, yardımcıları en yakın ve çevresi en kalabalık olanım. Yemin ediyorum ki, ben haydi gelin diyecek olsam herkes gelir.

Ben size akranlarınızı hazırladım, sizi üstün tuttum ve etimden tırnağımdan ayırıp size verdim. Siz ise bana, yapmadığım şeyleri yakıştırdınız, söylemediğim sözleri nisbet ettiniz. Valilerinizden dilinizi, eleştirinizi ve tenkidinizi çekin. Ben de sizden dilimi çektim. Benim yerime Ömer (radıyallâhu anh) konuşsaydı O'na razı olur, boyun eğerdiniz. Peki söyleyin bana, siz haklarınızdan neleri elde edemiyorsunuz? Vallahi, benden önce gelen ve karşı çıkmadığınız kişilerin ulaştırdıklarını ulaştırmada hiçbir kusur yapmadım. Ben malda dilediğimi yapamayacak mıyım? Öyleyse neden imam oldum?"

Soru: Mervan b. Hakem ne dedi ve Hz. Osman (radıyallâhu anh) O'na ne cevap verdi?

Cevap: Bunun üzerine Mervan b. Hakem ayağa kalktı ve şöyle dedi:"Dilerseniz, vallahi, kılıcı aramızda hakem yaparız. Vallahi bizle sizin durumunuz şairin söylediği gibidir:

Şerefimizi sizin için serdik.

Siz de üzerinde ağaçlarınızı bitirdiniz.

Ve çorak toprak üzerine bina dikiyorsunuz.

Osman (radıyallâhu anh): "Sen sus susmaz olasıca. Beni ve ashabımı baş başa bırakın. Ne biçim konuşuyorsun öyle? Daha önce hiç konuşmamanı söylemedim mi?" dedi.

Soru: Fitne tohumları Kûfe'den sonra Mısır'da nasıl bitti?

Cevap: İbn Sebe (İbn Sevda) hangi ülkeye gittiyse orada insanları Osman (radıyallâhu anh)'a karşı kışkırttı. Şam'da neler yaptığını, ilk isyancı olan Ebû Zer'in O'nun fikirlerinden nasıl etkilendiğini daha önce gördük.

İbn Sebe daha sonra Irak'a geçmiş ve fitne tohumlarını ekmiş ve Kûfe'de insanları galeyana getirmişti. Bunun neticesi onlardan bir delege Medine'ye gelerek Hz. Osman (radıyallâhu anh)'a bir takım itirazlarda bulunmuş, o da onları sürgün etmek ve Humus'taki Abdurrahman b. Halid'e göndermek zorunda kalmış; sonra onlar Humus'ta sürgün kalmayı seçmişler, eleştirilerine de devam etmişlerdi.

İbn Sebe Irak'tan Mısır'a yöneldi ve zehirli fikirlerini ora.da yaydı

Soru: Oradaki en gözde arkadaşları kimlerdi?

Cevap: Batıl düşüncelerine ilk icabet edenler Muhammed b. Ebû Hanife ile Muhammed b. Ebû Bekir oldu[102].

İbn Sebe "İsa'nın (a.s.) döneceğine inanıp da Muhammed'in (sallallâhu aleyhi ve sellem) döneceğine inanmayanlara hayret etmiyor musun?" diyordu.

Muhammed (sallallâhu aleyhi ve sellem)'in ahir zamanda dünyaya tekrar döneceğini ilk O iddia etti. Bu ikisi de O'nun bu görüşlerini kabul ettiler ve bu iddiayı seslendirdiler.

Yine: "Her peygamberin bir varisi vardır ve Muhammed'in varisi de Ali'dir. Allah Rasûlü'nün vasiyetini yerine getirmeyenden daha zalim kimdir?" diyordu.

Bu görüşleri en temel akidevî hususlarla alakalıydı ve bu şüpheler imanı sarsacak türdendi.

Buradan başka bir tehlikeli noktaya geldi ve şöyle dedi: "Osman bunu (yani hilafeti) haksız yere aldı. İşte Ali, Muhammed'in vasiyetle belirlediği halifesidir. Bu iş için harekete ge-

---

102 Daha önce ikisinden de bahsedildi.

çin, ayağa kalkın. İşe valilerinizi eleştirmekle başlayın. Emr-i bil'maruf ve nehyi anil'münker yapın ki insanları kendinize meylettirebilesiniz. Onları da bu işe çağırın..."

Böylece Mısır'da ilk çete kuruldu. Gizli hareket ve diğer İslâm şehirleriyle haberleşmeler ve mektuplaşmalar buradan başladı ve her yeri kapladı, kuşattı. Bundan sadece Medine kurtuldu. Ancak oraya da dört bir yandan haberler geliyordu.

Soru: Hz. Osman (radıyallâhu anh) İslâm ülkelerinin durumlarını nasıl araştırdı?

Cevap: Akrabalarından O'nun yararını düşünen bazı kimseler Osman (radıyallâhu anh)'a gelerek "Bize gelen haberler sana da geliyor mu?" dediler. O "Bana sadece selamet haberleri geldi. Siz benim ortaklarım ve mü'minlerin şahidlerisiniz. Bana tavsiyede bulunun" dedi.

Onlar "Sana haberlerini getirmeleri için güvendiğin kimseleri dört bir yana göndermeni tavsiye ederiz. Bunlar durumları, insanların söz ve fillerini gözlemlerler ve olayların hakikatine vakıf olurlar" dediler.

Soru: Hz. Osman (radıyallâhu anh) Kûfe, Basra ve Mısır'a kimleri gönderdi?

Cevap: Osman (radıyallâhu anh) bu görüşü doğru buldu ve Muhammed b. Mesleme'yi Kûfe'ye, Üsame b. Zeyd'i Basra'ya, Ammar b. Yasir'i Mısır'a, Abdullah b. Ömer'i de Şam'a gönderdi. Başka başka kimseleri de başka bölgelere gönderdi.

Ammar b. Yasir dışında tümü döndü ve "Biz orada olumsuz şeylerle karşılaşmadık. Müslümanların önde gelenleri de, Müslüman halk da olumsuz şeylerden bahsetmediler. Biz onlarla karşılaştık ve görüştük" dediler.

Görülen o ki bu elçiler ya görevlerini gereği gibi yerine getirmediler veya aldatıldılar. Veyahut da Irak ve Şam'da fitne iyice yerleşmiş; kül altında bir ateş olup henüz ortaya çıkmamıştı.

Soru: Hz. Osman (radıyallâhu anh) bununla yetindi mi, yoksa valilerini yanına çağırdı mı? Valileri O'na ne tavsiyede bulundular?

Cevap: Ammar b. Yasir'in Mısır'dan gelişi gecikince O'na suikast düzenlendiği dedikoduları yayıldı. Ancak Abdullah b. Sa'd'dan Osman (radıyallâhu anh)'a,fitnecilerin Ammar'ı etkiledikleri ve O'nun da onlara katıldığına dair bir mektup ulaştı. İbn Sebe, Halid b. Melcem, Sevdan b. Hamran ve Kinane b. Bişr bunlardan bazılarıydı ve başlarında da Muhammed b. Ebû Huzeyfe ile Muhammed b. Ebû Bekir vardı.

Osman (radıyallâhu anh) kendisine gelen bu habere tam inanmadı. Bu arada şikayetler çoğaldı; haber kesinlik seviyesine ulaşmıştı. Bunun üzerine Osman (radıyallâhu anh) valilerinden Abdullah b. Amir, Abdullah b. Sa'd ve Muaviye'yi tekrar yanına çağırdı. Danışacağı kimseler arasına Said b. Ebil-As ile Amr b. Âs'ı da kattı.

Yanlarına gelince onlara "Yazıklar olsun size… Nedir bu hoşnutsuzluklar, nedir bu şaialar? Vallahi ben sizin bu işe inandırılmanızdan korkuyorum. Bu yara ancak benimle sarılır" dedi.

Onlar "Sen adamlarını göndermedin mi ve sana insanlar hakkındaki haberler ulaşmadı mı? Yani elçilerin, onlarla hiç kimse konuşmadan mı döndüler? Hayır, vallahi onlar doğru da söylemiyorlar, iyi bir iş de yapmıyorlar. Bu meselenin aslı astarı yok. Bu meselede hiç kimseyi suçlaman olmazdı. Bu dedikodudan başka bir şey değildir ve ona tutunmak da, ona göre hareket etmek de helal değildir"dediler.

Osman (radıyallâhu anh) "Bana bir tavsiyede bulunun"dedi.

Said b. Ebil'-As: "Bu gizlice uydurulan, sonra bilgisiz birinin alıp haber verdiği ve sohbet meclislerinde anlattığı uydurma ve yapmacık bir şeydir" dedi.

Osman (radıyallâhu anh): "Peki çözümü nedir?" dedi.

Said: Bu kimselerin isteklerinin yerine getirilmesi, sonra bu meseleyi çıkaran kimselerin öldürülmesi" dedi.

Abdullah b. Said söze karışarak: "İnsanlara alacaklarını verince onlardan vermeleri gerekenleri de de al. Bu onları kendi hallerine bırakmandan hayırlıdır" dedi.

Muaviye: "Sen beni vali tayin ettin. Sonra sana kendilerinden hayırdan başka bir haber gelmeyen kimseleri tayin ettin... Bu ikisi (Said ile Abdullah) yörelerindekini daha iyi bilir" dedi.

Osman (radıyallâhu anh): "Peki senin görüşün nedir?" dedi.

Muaviye: "Güzel bir edep" dedi.

Osman (radıyallâhu anh) hepsini dinledikten sonra vilayetlerine gönderdi. İnsanlara iyi davranmaları ve her hak sahibine hakkını vermeleri talimatını verdi.

Soru: Muaviye O'nu Şam'a çağırdı mı, O' ne cevap verdi?

Cevap: Muaviye veda ederken Osman (radıyallâhu anh)'a "Ey Mü'minlerin emiri, karşı koyamayacağın kimseler sana saldırmadan benimle Şam'a gel; zira Şamlılar hala itaat üzereler" dedi.

Osman (radıyallâhu anh) O'na "Rasûlullah'ın (sallallâhu aleyhi ve sellem) komşuluğunu hiçbir şeye değişmem. Bedeli boynumun koparılması olsa bile" dedi.

Muaviye "Öyleyse, senin veya Medine'nin başına gelebilecek bir musibet için Medinelilerin yanıbaşında bulunacak Şamlılardan bir ordu göndereyim"dedi.

Osman (radıyallâhu anh) "Rasûlullah'ın (sallallâhu aleyhi ve sellem) komşularını daraltmak istemem..." dedi. Muaviye "Vallahi ya bunu yaparsın, ya da seninle savaşılır" dedi. Osman (radıyallâhu anh): "Allah bana yeter, O ne iyi vekildir" dedi.

Soru: Hz. Osman (radıyallâhu anh) eleştiricilerine ne cevap verdi?

Cevap: Kûfe'den bir delege geldi. Bunlar Osman'la görüşmek istediklerini ve O'na bir takım şeyler sorup bazı şeyleri teklif edeceklerini, kabul ederse sorun kalmayacağını, ama kabul etmeyip yaptıklarından tevbe etmezse karşı çıkacaklarını, sonra O'nu yakalayıp halifelikten azledeceklerini, buna da karşı çıkarsa öldüreceklerini söylüyorlardı.

Osman (radıyallâhu anh) bunların niyetlerini anladı ve onları mescide çağırarak minbere çıktı. Allah'a hamd-u sena ettikten sonra insanlara bunların neden geldiklerini haber verdi. Herkes "Onları öldür; zira Rasûlullah (sallallâhu aleyhi ve sellem) Her kim imam varken insanları kendisine veya birisine çağırırsa Allah'ın laneti onun üzerinedir; onu öldürün' buyurdu" dedi.

Amr: "Sizin onları öldürmekten başka bir çarenizin olmadığına inanıyorum. Eğer bunu yaparsanız ben sizin ortağınızım" dedi. Osman (radıyallâhu anh) "Bilakis onları affedelim, isteklerini kabul edelim, kendilerine gayret ve çalışmalarımızı gösterelim. Had cezası gerektiren bir şey yapmadıkça veya

küfrünü açığa vurmadıkça hiç kimseye düşmanlık yapmam"
dedi.

Sonra sözüne devam etti ve iddiacıların şüphelerini teker
teker çürüttü. Osman (radıyallâhu anh) şöyle dedi:

"Bunlar bir takım şeyler zikrettiler. Meseleleri kendi ara-
larında görüşerek çözüme kavuşturduklarını ve beni bunlara
mecbur bırakacaklarını iddia ediyorlar. Bunlar "Seferde na-
maz tam kılınmadığı (dört rekatlı namazlar iki rek'at) halde sen
tam kıldın" dediler. "Bilin ki, ben ailemin bulunduğu bir bel-
deye gelmiş bulunmaktayım da o yüzden tam kıldım" dedi.

Sonra minberin altında oturan Kûfelilere "Öyle değil mi?"
dedi. "Öyle" dediler.

Sonra şöyle devam etti: 'Yine Sen müslümanların malla-
rını yanında tutuyorsun' dediler. Vallahi ben kendimden önce
hazinede tutulan hiçbir şeyi onda tutmadım. Vallahi onlar da
hiçbir şeyi yanlarında tutmadılar. Onlar sadece Medine halkı-
nın payı olanı yanlarında bulundurdular ve halklarından hiç
kimseyi bundan engellemediler. Sadece Müslümanların sa-
dakalarıyla yetindiler... Benim de iki devemden başka şeyim
yok. Ne meleyenim, ne böğürenim var (hiçbir mal ve mül-
küm yok). Ben bu göreve getirilmeden önce Arapların en çok
deve ve koyunu olan kişiydim. Şimdi ise Hacc için yanımda
tuttuğum iki devemden başka bir şeyim yok! Öyle değil mi?".
Onlar da "Öyle" dediler.

"Onlar yine 'Bir çok Kur'an vardı, sen ise biri dışındakileri
terk ettin' dediler. Şunu iyi bilin ki Kur'an tektir ve tek olan
Allah'tan gelmiştir. Ben de bu hususta bir takım kişilere tabi
oldum... Öyle değil mi?". Onlar "Evet, öyle" dediler.

"Sen Hakem'i[103] görevden aldın" dediler. Osman (radıyallâhu anh): "Rasûlullah da (sallallâhu aleyhi ve sellem), O'nu Mekke'deyken oradan alıp Taif'e gönderdi, sonra görevden geri aldı. Rasûlullah (sallallâhu aleyhi ve sellem) atadı; O görevden aldı... Öyle değil mi?". Onlar yine: "Evet, öyle" diye cevap verdiler.

"Benim için yine 'Sen küçük yaştaki kimseleri vali yaptın' dediler. Oysa ben ancak kendinden halkın hoşnut kalacağı, toplayıcı ve tahammülkâr gençleri atadım. İşte bunlar (Kûfeliler) da böyleler, onlara sorun. Onlar da öyle bir belde halkıdır. Benden önce de Rasûlullah (sallallâhu aleyhi ve sellem) bundan daha küçük yaştakini görevlendirdi. Üsame'yi atadığından dolayı O'na da benden ağır şeyler söylendi... Öyle değil mi". Onlar "Vallahi evet, öyle" dediler.

"Onlar yine benim ganimetten İbn Ebi's-Serh'e vermemi eleştirdiler. Oysa ben ona ganimetin beşte birinin (humusun) sadece beşte birini verdim ve miktarı da yüz bin idi. Bunun benzerini Ebû Bekir (radıyallâhu anh) ile Ömer (radıyallâhu anh) de yaptılar. Sonra askerler buna razı olmadıklarını söylediler ve hakları olmadığı halde ben bunu onlara verdim...Öyle değil mi?". Onlar "Evet, öyle" dediler.

"Yine onlar benim akrabalarımı sevdiğimi ve onlara (malmülk) verdiğimi söylediler. Oysa benim onlara sevgim onların zulme meyletmesine izin veriyor değil. Bilakis onlara yükler ve sorumluluklar yüklüyorum. Hediye ve maaşlarına gelince; ben onlara kendi malımdan vermedim ve Müslümanların mallarını kendime de başkalarına da helal saymıyorum. Ben Rasûlullah (sallallâhu aleyhi ve sellem), Ebû Bekir (radıyallâhu anh) ve Ömer (radıyallâhu anh) döneminde, cimri ve hırslı olduğum

---

103 Mervan b. Hakem'in babası Hakem b. As.

halde kendi öz malımdan bol bol veriyordum. Aile halkımın (dedelerimin) yaşına ulaştığım (yani yaşlandığım) ve malımı aile halkıma devrettiğim şu vakitte mi mülhidler bu saçmalıkları söylüyorlar? Vallahi ben hangi belde fethedildiyse ganimetlerini sahiplerine verdim ve ben (hazineye) sadece beşte biri olan humusu aldım. Müslümanların benim dışımdakiler için belirledikleri malların zerresini bile kendime helal saymıyorum. Allah'ın malından bir kuruş bile boşa harcanmıyor, telef edilmiyor. Yediğimi de oradan yemiyor, kendi malımdan yiyorum...."

Osman (radıyallâhu anh) sapık ve saptırıcı müfterilerin iddialarını işte böyle teker teker çürüttü; onlar da kabul ettiler. Gerçek yüzleri ortaya çıktı. Osman (radıyallâhu anh) bununla yetindi. Sonra onlara kısas ve ceza uygulamaksızın Kûfe'ye geri dönmelerine izin verdi.

Soru: Fitneciler Osman (radıyallâhu anh)'a karşı ittifak oluşturdular mı?

Cevap: Evet, birbirleriyle mektuplaştılar ve birlik oluşturdular. Tüm istekleri Medine'ye gelmekti. Osman (radıyallâhu anh)'ı ya halifelikten azledecekler veya öldüreceklerdi. Onları buna teşvik eden İbn Sevda ile Mısırlılar, Basralılar ve Kûfelilerdi.

Soru: Mısır'dan kimler çıktı ve başkanları kimdi? İbn Sevda onlarla mıydı?

Cevap: Mısır'dan sayısı beşyüzü geçmeyen bir topluluk Abdurrahman b. Udeys'in önderliğinde yola çıktı. Aralarında Kinane b. Bişr, Sudan b. Hurman, Kuteyre b. Filan da vardı. Hepsinin genel başkanı Ğafiki b. Harb idi ve İbn Sevda da onlarla birlikteydi.

Kûfe'den de aralarında Zeyd b. Savhan, Eşter en-Nehai, Ziyad b. Nadr ve Abdullah b. Esamm'ın bulunduğu bir topluluk çıktı.

Soru: Basra'dan yola kimler çıktı ve başkanları kimdi?

Cevap: Basra'dan da Mısır'dakine yakın bir kalabalık yola çıktı. Aralarında Hakim b. Celbe, Züreyh b. İbad, Behşer b. Şureyh ve İbn Mahriş bulunmaktaydı ve başlarında da Hurkus b. Züheyr vardı.

Bunlardan her birinin kalbinde yatan biri vardı. Mısırlıların kalbindeki Ali (radıyallâhu anh), Basralıların kalbinde Talha b. Ubeydullah (radıyallâhu anh), Kûfelilerin kalbinde de Zübeyr b. Avvam vardı.

Soru: Bunlar hangi bahaneyle çıktılar?

Cevap: Hacc mevsimi geldiğinden hepsi de Hacca gitme bahanesiyle yola çıktılar. Bunda ise zerre kadar şüphe duyulacak bir durum yoktu. Bunu, Medinelilerin, Hz. Osman (radıyallâhu anh)'ı korumak ve zalimleri engellemek üzere hazırlanmamaları ve toplanmamaları için yaptılar.

Soru: Basralılar nerede konakladılar?

Cevap: Basralılar Medine'nin üç merhale uzağındaki Zuhaşeb denen yere konakladılar.

Soru: Kûfeliler nerede konakladılar?

Cevap: Kûfeliler de yine Medine'ye üç merhale uzaklıktaki Ahvas denen yere konakladılar.

Soru: Mısırlılar nerede konakladılar?

Cevap: Mısırlılar da Zumerve denen yere konakladılar.

Burada dikkati çeken husus bunların Medine'yi üç taraftan kuşatacak şekilde konaklamalarıdır ve (belli ki) bunu daha .önce kendi aralarında konuşup anlaşmışlardır

Soru: Aralarındaki diyaloğu kim sağlıyordu?

Cevap: Hepsi arasındaki diyaloğu Ziyade b. Nadr ile Abdullah b. Esamm sağlıyordu. Bunlar "Acele etmeyin; Medine'ye varınca biz sizin için keşif yaparız; zira Medinelilerin bize karşı teşkilatlandığını duyduk. Vallahi Medineliler bize ihanet ettiler ve bizim neden geldiğimizi bilmedikleri halde bizimle savaşmayı helal sayıyorlarsa acaba niçin geldiğimizi bilseler -ki bizim iddiamız asılsızdır- durum daha kötü olur... Onun için bekleyin" diyorlardı.

Soru: Bu ikisi evvela kimin yanına gittiler ve ona ne dediler?

Cevap: Bunlar evvela Hz. Ali'ye geldiler ve "Biz Kabe'ye gitmek üzere geldik. Aynı zamanda da Osman'dan valilerini almasını isteyeceğiz. Bizim bundan başka bir maksadımız yok" dediler. Hz. Ali onları kabul etmedi. Talha ile Zübeyr de böyle yaptılar. Allah (c.c.) hepsinden razı olsun.

Soru: Nasıl karşılık verdiler?

Cevap: Ali (radıyallâhu anh) Medine'nin Ahcaruzzeyt denen bir mıntıkasındaki bir askerî karargahtaydı. Bunların hainliklerini hissetti. Bunlar sözlerini söyleyince "Medine'nin salihleri Zimerve'deki ordu (gelen Mısırlılar), Ziahşeb'teki ordu (Basralılar) ve A'vas'taki ordu (Kûfeliler) Rasûlullah'ın (sallallâhu aleyhi ve sellem) diliyle lanetlenmişlerdir" dedi.

Talha da (radıyallâhu anh) Medinelilerin Hz. Ali'ye yakın bir yerdeki başka bir birliğindeydi. Bu iki elçiye bağırıp çağırdı ve onları kovdu. Zübeyr de böyle yaptı.

Bu arada bu üç sahâbî, Ali, Talha ve Zübeyr, oğullarını evini koruyup kollamak için kuşatmak üzere Hz. Osman (radıyallâhu anh)'ın evine göndermişlerdi.

Soru: Bunlar kendilerini Medine'yi terk ediyorlarmış gibi gösterdiler mi?

Cevap: Bu iki elçi adamlarının yanına gittiler ve görüp işittiklerini haber verdiler. Aralarında konuşup danıştılar. Sonunda, bir aldatmaca ve hile olarak yerlerinden ayrılıp dağılmaya karar verdiler. Medinelilerin bunlar açısından rahatladığı ve artık gitmekte olduklarına emin oldukları bir anda da tekrar bir araya gelip saldıracaklardı.

Böyle de oldu. Konakladıkları yerlerin biraz uzağına gidip orada karargah kurdular.

Soru: Medineliler buna inandılar mı?

Cevap: Ali, Talha ve Zübeyr'e yerlerinden ayrılmaları haberi geldi; onlar da yerlerini terk ettiler. Medineliler tehlikenin geçtiğine ve güvenliğin hakim olduğuna inandılar ve bekçiliğin yorgunluğunu gidermek için evlerine ve yurtlarına çekildiler.

Soru: Hainler ve intikamcılar Medinelileri ve Osman (radıyallâhu anh)'ı nasıl hayrete uğrattılar?

Cevap: Gece karanlık basar basmaz Medineliler birden dört bir taraftaki tekbir sesleriyle neye uğradıklarını şaşırdılar. Sonra hainler Medine'ye indiler ve yerleştiler. Osman (radıyallâhu anh)'ın evini kuşattılar ve "Kim karışmazsa ona dokunulmayacaktır" duyurusu yaptılar.

İnsanlar evlerinden ayrılmadılar. Osman (radıyallâhu anh) da son günlerde evinden yavaş yavaş camiye gidip namaz kıldırıyordu ve tehditler çoğalınca onu da bırakmıştı.

Soru: Onların bu işgaldeki gerekçeleri ne idi?

Cevap: Medine içindeki bu silahlı varlık ve olağanüstü hal bir grup Medine'linin toplanarak, ayrılmışlarken tekrar bir araya gelmelerini ve görüşlerinden dönmelerini gerektiren durumun ne olduğunu öğrenmek için bu hainlerin önderlerine gitmelerine yol açtı. Medineliler adına konuşan Ali (radıyallâhu anh) idi. Bu soruya onlar "Bir postacının elinde bizim katil fermanımızı bulduk" dediler. Bu Mısırlıların sözüydü. Kûfeliler ve Basralılar ise "Biz de kardeşlerimize yardım ediyor ve koruyoruz. Biz yek vücuduz" dediler. Belli ki aralarında anlaşmışlar ve ittifak etmişlerdi.

Soru: Bu mektubun hakikati nedir?

Cevap: Güya Osman (radıyallâhu anh)'dan bunların öldürülmeleri için Mısır valisi Abdullah b. Ebi Serah'a gönderilmiş bir mektup gösterdiler.

Bu Hz. Osman (radıyallâhu anh) adına uydurulmuş bir mektuptu.

Ali (radıyallâhu anh) ve sahâbîler "Birbirinizden ayrılmış ve aranızda uzun mesafeler oluşmuşken bunu nasıl öğrendiniz? Bu aranızda anlaştığınız uydurma bir şey" dediler.

Bunun üzerine entrikacılar: "Bizim bu adama (Osman (radıyallâhu anh)'a) ihtiyacımız yok, O'nu istediğiniz yere koyun... Biz ondan alakamızı keselim, O da bizden alakasını kessin.

Sonra haberlerinin, Hz. Osman (radıyallâhu anh)'a iftiralarının doğru olduğunu vehmettirmek için bu mektubu halk arasında dolaştırdılar!

Osman (radıyallâhu anh) Ali'nin (radıyallâhu anh) yanına geldi ve sordu. Osman (radıyallâhu anh) doğru olarak "Bu hususta bana bir delil getirsinler. Vallahi ne yazdım, ne yazdırdım, ne de bununla ilgili bir şey biliyorum. Mührün taklidi yapılabilir" dedi.

Tarihçilerin ittifak ettiği şu husus kesindir; entrikacılar bir binekliyi[104] kiraladılar ve ona bu sahte mektubu verdiler. Binekli kasden bu kafileye yaklaştı, sonra uzaklaştı. Onu yakalayıp üzerini aradıklarında, güya Osman (radıyallâhu anh)'ın Abdullah b. Sa'd'a bunların katlini emreden sahte mektubunu buldular!

Sahte olduğu açık ve kesin idi ve haber baştan sona yalan ve iftiraydı. Osman (radıyallâhu anh) valisini yanına çağırtmışken ona böyle bir şey göndermesi mümkün müdür? Gerçekten de o Mısır'dan çıkmıştı ve yoldaydı.

Bu hususta yapılan bir başka iftira da bu mektubu yazanın ve sahte mühürle mühürleyenin Mervan b. Hakem olduğu iddiasıydı ki bu da ispatlanamamıştır.

Bu, ustaca entriklar çeviren ve müthiş hileler düşünen İbn Sevda'nın türetip, ahmakların ve gafillerin de uyduğu bir tuzaktan ve saçmalıktan başka bir şey değildi.

---

104 Onun Ebû Ağver es-Silmi olduğu ve Osman (radıyallâhu anh)'ın devesine bindiği rivayet edilirse de bu sabit değildir.

Soru: Ali (radıyallâhu anh) entrikalarını nasıl ortaya çıkardı?

Cevap: Hz. Ali'nin, onların entrikalarını ortaya koyan sözlerinden biri şuydu: "Ey Kûfeliler ve ey Basralılar, birbirinizden merhalelerce uzaklaştığınız halde Mısırlıların başına geleni nereden bildiniz de sonra bu işle yanımıza döndünüz? Vallahi bu Medine için hazırlanmış bir tuzaktan başka bir şey değil!".

Hz. Ali'nin sorusuna şu cevaplarıyla kendi kendilerini ele verdiler: "O'nu dilediğiniz yere koyun.."

Bu ifade hiçbir iyi niyet taşımamaktadır. İddialarında doğru olsalardı kendilerini savunurlardı.

Soru: Hz. Osman (radıyallâhu anh) valilerinden yardım istedi mi, onlara ne yazdı?

Cevap: Mesele büyümeden ve entrikacılar Medine topraklarına basmadan ve girmeden önce Hz. Osman (radıyallâhu anh) valilerine mektup yazarak, onlardan Medine'yi ve meşru yönetimi korumaları için yardım istedi. Mektubunda şöyle yazıyordu: "Bismillahirrahmanırrahim. İmdi... Aziz ve Celil olan Allah Muhammed'i hakla mideleyici ve uyarıcı olarak gönderdi. O da bize Allah'tan tebliğ etmekle emrolunduğu şeyleri tebliğ etti. Sonra Allah (c.c.) O'nu yanına aldı. Peygamber (sallallâhu aleyhi ve sellem) ardında bize Allah'ın Kitabı'nı bıraktı. Onda helaller ve açık hükümler vardı ve Allah onu kulların hoşuna gittiği veya gitmediği şekilde uygulattı. Halife Ebû Bekir (radıyallâhu anh) ile Ömer (radıyallâhu anh) idi. Sonra bilgim ve talebim olmaksızın ümmetten bir gruptan oluşan şura heyetine dahil edildim. Sonra şuradakiler kendilerinin ve halkın huzurunda talep etmediğim ve arzulamadığım halde beni seçtiler. Ben de onlarda (İslâm'ı) kabul edip karşı çıkmadıkları şekilde uyguladım. Bunu yeni şeyler çıkarma merakıyla değil öncekilere uyarak yaptım; bidat türetmeyip (Peygamberin ve halifelerinin sünnetine) uydum. Zoraki bir şey yapmayıp uyan oldum. İşler yoluna girdiği bir vakitte şer, güçlerini harekete geçirdi. Geçmişte hiçbir şey olmadığı halde kin ve nefretler ortaya çıktı. Bir şey istediler; aksini gösterdiler. Hiçbir delil ve mazeret de ortaya süremediler. Bendeki daha önce hoşnut olup onayladıkları ve başkası da mümkün olmayan şeyleri kınamaya ve Medinelilere duyurmaya başladılar. Görüp işittiğim halde yıllardır kendimi sabra zorladım ve onlardan soyutlandım. Bunlar Allah'a (c.c.) karşı öyle cür'etkarlaştılar ki sonunda Rasûlullah'ın (sallallâhu aleyhi ve sellem) hemen yanı başında, hareminde ve Hicret diyarında bize saldırı düzenlediler. Bedevîler de onlara destek verdi...Bugün onlar, Hendek günü üzerimize saldıran veya Uhud günü bizimle savaşanlardan farksızlar. Sadece açığa vurdukları şey farklı. O yüzden kim yardımımıza yetişebilirse hemen gelsin."

Soru: Abdullah b. Sa'd Mısır'dan yardımına geldi mi?

Cevap: Osman (radıyallâhu anh)'ın farklı beldelerdeki valilerine yaptığı çağrı üzerine Abdullah b. Sa'd yerine Ukbe b. Amir el-Cüheni'yi[105] bırakarak Medine'ye gelmek üzere Mısır'dan yola çıktı. Bu esnada Osman (radıyallâhu anh)'a karşı entrika kuranlardan Muhammed b. Ebû Huzeyfe Mısır'da bir darbe yaparak yönetimi ele geçirdi. Bunun üzerine Abdullah b. Sa'd yönetimi tekrar ele geçirmek için Mısır'a geri döndü. Ancak Muhammed b. Ebû Huzeyfe karşısına çıktı ve engelledi. Abdullah da Filistin'e gitti ve Osman (radıyallâhu anh)'ın şehadeti

---

105 Bir rivayete göre Saib b. Hişam'ı.

sonrasına kadar Askalan'da -bir rivayete göre: Ramle'de-kaldı. Ali ile Muaviye arasındaki kavgadan uzak durdu ve hiçbirine biat etmedi. Hicrî 37 yılında vefat etti.

Soru: Hz. Osman (radıyallâhu anh)'ın huzurunda Ali (radıyallâhu anh) ile Muaviye (radıyallâhu anh) arasında nasıl bir konuşma geçti?

Cevap: Talha, Zübeyr, Sa'd b. Ebi Vakkas, Muaviye, Ali ve bazı muhacirler Osman (radıyallâhu anh)'ın etrafında toplandılar. Osman (radıyallâhu anh) orada bulunanlara "Amcamın oğlu bu Muaviye sizden ve sizin benden çektiklerinizden, benim sizi ve sizin beni eleştirdikleriniz meselelerden uzaktaydı. Benden sizinle konuşmayı talep etti ve dileyenin de kendisiyle konuşmasını söyledi" dedi.

Mecliste Ali ile Muaviye arasında sözlü atışmalar ve karşılıklı ithamlar oldu.

Soru: Muaviye ne söyledi?

Cevap: Yaptığı konuşmada Muaviye şöyle dedi: "İmdi... Ey muhacirler, ey şura heyetinden geride kalanlar!.. Sizi kastediyorum. Kim cevap verecekse tek kişi cevap versin. Ben sizden başkasıyla konuşmak istemedim.

Rasûlullah (sallallâhu aleyhi ve sellem) vefat etti ve insanlar dokuz muhacirden birine biat ettiler. Sonra Nebilerini defnettiler. Sonra durumları sanki Peygamber aralarındaymış gibi düzene girdi. Sonra adam (Ebu Bekir) hayattan ümit kesince kendinden sonrası için muhacirlerden birine (Ömer'e) biat etti. Bu adam da öleceği vakit bir kişiyi seçmekte tereddüt etti ve aralarından birini seçmeleri için kalan muhacirlerden altı kişi belirledi. Onlar da aralarından, iyiliğinden şüphe etmedikleri birini seçtiler. Sonrasında olacakları tereddütsüz gördükleri ve tahmin ettikleri halde ona biat ettiler. Yavaş olun yavaş ey muhacirler! Ardınızda birisi var ki, eğer siz bugün onu iterseniz çekip gider, ama yapmanız gerekeni yaparsanız sizi en güçlü bir şekilde götürür, en dirayetli biçimde bir araya toplar. Sonra da sizin yolunuza göre yönetir. Geçmişteki kandan sonra kalan kanın yasak olmadığını söyler. Onun için istikametten ayrılmayın, akıllı ve yumuşak davranın. Sakın bu işinizi ehil olmayanlar ele geçirmesin"

Soru: Ali (radıyallâhu anh) O'na ne cevap verdi?

Cevap: Ali (radıyallâhu anh) karşısına çıktı ve "Sanki sen kendini kastediyorsun ey pis kokulu kadının oğlu! Sen bu işe layık değilsin!.." dedi.

Bu Ali'den Muaviye'ye yapılan bir sövgüydü.

Soru: Muaviye'nin buna cevabı ne oldu?

Cevap: Muaviye "Amca kızına[106] karşı yavaş ol; o kadınlarının en kötüsü değil!" dedi.

Muaviye daha sonra sözünü meclistekilere yönelterek şöyle dedi:

"Ey muhacirler ve bu işin ehilleri! Allah sizi burada görev başına, ona layık olduğunuz için getirdi. Bu iki belde (Mekke ile Medine) hak ve hakikatin yurdu ve son durağıdır. Takip edenler öncekilere ve tüm şehirler bu şehirlere bakarlar. Bunlar istikamet üzere olurlarsa diğerleri de olur. Kendinden başka ilah bulunmayan Allah'a andolsun ki, eğer iki elden

---

106 Muaviye'nin annesi Utbe kızı Hind'i kastediyor. Zira Ali onunla akrabaydı.

biri diğerine vururşa öncekilerin sonrakilere ve bu iki şehrin diğerlerine etkisi kalmaz. Bu iş elinizden çıkar ve yönetim başkalarına intikal eder. Siz insanlar arasında beyaz öküzdeki siyah ben gibisiniz. Eğer sizin halifenizi eleştirmeye başladığınızı, yaşamınızda israfa gittiğinizi ve düşük düşlere daldığınızı görürsem.... Tabi her nasihat kabul edilmez. Bazı olumsuzluklara sabretmek hepsini taşımaktan daha iyidir."

Soru: Bu görüşmede başka kim vardı? Osman (radıyallâhu anh) onu neden yanında alıkoydu ve ona ne dedi?

Cevap: Görüşme sona erip herkes dağılınca İbn Abbas (radıyallâhu anh) meclise birlikte geldiği Ali'yle (radıyallâhu anh) çıkmak istedi. Ancak Osman (radıyallâhu anh) çıkmamasını istedi ve sonra O'na şu soruyu yöneltti: "Ey amcamın ve teyzemin oğlu!.. Senden bana hoşuma giden veya gitmeyen, lehimde veya aleyhimde hiçbir şey ulaşmadı. Senin, insanların gördükleri şeylerin bir kısmını gördüğünü, ama akıl ve hilminden bunu onlar gibi açığa vurmak istemediğini biliyorum...Bizbize iken bana görüşünü söylemeni arzuluyorum, ta ki (yanlışım varsa) özür dileyeyim".

Soru: İbn Abbas (radıyallâhu anh) ne cevap verdi?

Cevap: İbn Abbas (radıyallâhu anh) şöyle dedi: "Ey Mü'minlerin emiri, sen beni selametteyken belaya, rahatken sıkıntıya sokuyorsun. Vallahi senin hakkındaki görüşüm senin yaşına saygı gösterilmesi, değerinin bilinmesi ve ilklerden oluşunun göz önünde tutulmasıdır. Vallahi, daha önceki halifelerin terk edip de senin yaptığın şeyleri yapmamanı arzulardım. Çünkü onlar kendilerine göre olmadığını düşünerek bir şeyleri terk etmişlerse bilirim ki bu sana göre de değildir. Yapmak hakları iken kendilerine senin başına gelen türden bir zarar gelmesin diye bırakmışlarsa aynı sebepten sen de bırakmalıydın. Onlar kendilerine ikramda senin kendine ikramından daha layık değildiler."

Soru: Hz. Osman (radıyallâhu anh) ne cevap verdi?

Cevap: Osman (radıyallâhu anh) "Peki yaptıklarımı yapmadan önce bu iki şeyi bana söylemeni ne engelledi?" dedi. İbn Abbas (radıyallâhu anh) "Çünkü senin bunları yapmadan önce yaptığını biliyordum."

Soru: İbn Abbas (radıyallâhu anh) Osman (radıyallâhu anh)'dan ne yapmasını istedi?

Cevap: Durum üzerinde iyi düşünmesini ve insanlardan özür dilemesini istedi ve şöyle dedi: "Görüşüme gelinceye kadar bana sükut izni ver".

563. Soru: Farklı beldelerdeki insanlar Hz. Osman (radıyallâhu anh)'ın yardımına koştular mı?

Cevap: Muaviye Şam'dan Habib b. Mesleme el-Fehri komutasında bir ordu, Abdullah b. Sa'd Mısır'dan Muaviye b. Hudeyc es-Sükuni'yi gönderdi ve Kûfe'den de Ka'ka b.Amr geldi.

Kûfe'den aralarında Ukbe b. Amir, Abdullah b. Ebi Evfa ve katip Hanzala'nın bulunduğu bir grup kişi insanları Medine'lilere yardıma ve halifeyi müdafaa etmeye çağırdılar.

Basra'da da İmran b. Husayn, Enes b. Malik ve Hişam b. Amir'le birlikte aynısını yaptı. Ancak bunların hepsine de Medine'ye ulaşmadan Hz. Osman (radıyallâhu anh)'ın katli ve şehadeti haberi ulaştı.

Soru: Cuma hutbesi vermekte olan fitneciler Hz. Osman (radıyallâhu anh)'a nasıl cür'etkarlık yaptılar?

Cevap: Osman (radıyallâhu anh) elinde Rasûlullah'ın (sallallâhu aleyhi ve sellem) üzerine dayanarak hutbe verdiği, daha sonra Ebû Bekir ile Ömer'in aynı şekilde hutbe verdi asayla minbere çıktı.

Cahcah el-Gaffari kalkarak O'na sövdü, kötü sözler söyledi ve: "İn buradan ey aptal ihtiyar!" dedi. Sonra O'nu bağlayıp indirdi. Sonra sopasını alıp O'nun sağ bacağında kırdı. Ondan bir kıymık bacağına saplandı ve orayı yaraladı. Yara kurtlandı ve böceklendi[107].

Bir rivayete göre O'nu minberden Cible b. Amr es-Saidi indirmiş ve şöyle demiştir: "Ey aptal ihtiyar! Vallahi seni öldürecek, çıplak deveye yükleyecek ve ateşli araziye (denen yer) bırakacağım!" dedi.

Mescidde gürültü ve kargaşa koptu. Fitneciler ve isyancıların başları hakimiyeti ele geçirmeye muvaffak oldular. İnsanları taşa tutarak mescidden çıkardılar.

Minberden indikten sonra Osman (radıyallâhu anh) da taşlandı.

Soru: Hz. Osman (radıyallâhu anh)'ı evinde ziyarete kim gitti?

Cevap: Medine'de kontrol sahâbîlerin elinden çıktı ve zulmü engellemeye ve fitneyi söndürmeye muvaffak olamadılar. Bazıları evi sarıldıktan sonra Osman (radıyallâhu anh)'ın evini korumaya çalıştılar. Babaları Ali'nin emriyle Hasan ile

---

107 Bu Üsame b. Zeyd'in Yahya b. Hatıb'dan, O'nun da babasından rivayetidir. (El-Bidâye ve'n-Nihâye 7 / 196).

Hüseyin, Abdullah b. Zübeyr, Abdullah b. Amr bunlardandı. Ancak Hz. Osman (radıyallâhu anh) onlar için korkusundan, şefkat ve merhametinden onları oradan gönderdi. Hz. Osman (radıyallâhu anh)'dan, O'nun Medine'nin herhangi bir yerinde savaş olmasına karşı çıktığı rivayet edilmiştir.

Osman (radıyallâhu anh)'ı evinde Ali, Talha ve Zübeyir ziyaret ederek geçmiş olsun demişler ve teselli etmişlerdir.

Soru: Bu günden sonra insanlara kaç gün namaz kıldırdı?

Cevap: Rivayete göre bundan sonra insanlara otuz gün daha namaz kıldırdı. Sonra namazdan engellediler. Namazı isyancılara emirleri Ğafiki b. Harb el-Akki, diğer cemaate de Talha b. Ubeydullah -bir rivayete göre Ebû Hureyre- kıldırıyordu.

Soru: Daha sonra O'nu namaz kıldırmaktan engellediler mi, insanlara namazı kim kıldırıyordu?

Cevap: Camide imam olarak namaz kıldırmasını engelledikten ve evinde muhasara altında tuttuktan sonra, Vakıdi'nin söylediğine göre: "Namazı insanlara Ali, Ebû Eyyub el-Ensari ve Sehl b. Huneyf kıldırdı. Bunları da bir araya Ali (radıyallâhu anh) topluyordu. Daha sonraları namazı sadece Ali (radıyallâhu anh) kıldırdı."

Muhtemelen isimlerin çokluğu, camiye kim gelirse namazı onun kıldırdığından dolayı olmalı. Böylece farklı rivayetler bir tezat teşkil etmez.

Soru: Medine'deki insanların durumu nasıldı?

Cevap: Medineliler evlerine ve bahçelerine çekildiler ve dışarı çıkmadılar. Kim evinden çıkacak veya bir yerde oturacak olsa, kendisini korumak için yanında kılıcını bulunduruyordu. Her birinin düşüncesi ve meyilleri farklı farklı oldu. İsyancı hainler ise tek bir görüşteydiler; onlar Osman (radıyallâhu anh)'a kötülükte kararlıydılar. Ya halifeliği bırakacak veya öldürülecekti.

Soru: Hz. Osman (radıyallâhu anh)'ın son hutbesinde son söyledikleri nelerdir?

Cevap: Hz. Osman (radıyallâhu anh)'ın son hutbesi şöyleydi: "İmdi... Ey İnsanlar, vallahi hiçbirinizin yaptığı eleştiriden habersiz değilim. Ben ne yaptıysam bilerek yaptım. Ancak nefsim beni aldattı; kendimi yalanladım ve sağduyumu kaybettim. Rasûlullah'ı (sallallâhu aleyhi ve sellem) şöyle buyururken işitmiştim: "Kim zelle işlerse, yaparsa tevbe etsin, kim hata yaparsa tevbe etsin ve helakta ısrar etmesin". Kim zulümde ısrar ederse (doğru) yoldan daha da uzaklaşır. Ben nasihati ilk tutanım. Yaptıklarım için Allah'a tevbe ve istiğfar ediyorum. İşte tevbe ediyor ve yanlışlıklarımı bırakıyorum. İnince eşrafınız gelsinler ve bana görüşlerini bildirsinler. Hak beni köleliğe döndürürse köle yoluna girecek, köle gibi zelil ve mütevazi davranacak, aynen köle edinilince sabreden, azad edilince şükreden bir köle gibi olacağım. Allah'tan başka kaçış yeri yoktur. Sakın en hayırlılarınız bana yaklaşmaktan geri durmasınlar. Beni (hakka uymaktan) sağım engelleyecek olsa solum uyar."

Soru: Hz. Osman (radıyallâhu anh) evinde kuşatma altına alındı mı? Ne kadar sürdü?

Cevap: Osman (radıyallâhu anh) evinde kuşatıldı. Dışarı hiç çıkmıyordu. İsyancılar isteklerini yapması için baskı yapıyorlardı. Sahâbîler de O'nun hakkında farklı düşünüyorlardı. O'nu destekleyenler isyancıların karşısına çıkamıyor, tereddüt içinde olanlar hiçbir şey yapmıyorlardı. Kuşatma kırk gün sürdü.

Soru: Hz. Osman (radıyallâhu anh) evinde İnsanlara konuşma yaptı mı? O'nlara ne nasihat ve tavsiyelerde bulundu?

Cevap: Hz. Osman'ın (radıyallâhu anh) durumu kötüleşince Ali, Talha ve Zübeyr'e haber gönderdi. Onlar da beraberlerinde bazı kimselerle geldiler; ancak içeriye girmekten engellendiler. Osman (radıyallâhu anh) da evinden onlara gözüktü ve "Ey İnsanlar, oturun" dedi. Oturdular. Sonra şöyle dedi: "Ey Medineliler, sizi Yüce Allah'a emanet ediyor ve benden sonraki hilafetinizi iyi eylemesini diliyorum. Allah aşkına söyleyin; biliyor musunuz, Ömer'in başına o bela gelip (öldüğünde) Allah'a size en iyisini seçmesi ve sizi onun etrafında toplaması için dua etmiştiniz? Kulları olduğunuz halde Allah'ın duanızı kabul etmediğini veya Allah'ın dinini önemsemeyip başına kim geçerse geçsin aldırmadığını mı düşünüyorsunuz? O gün din mensupları parçalanmamıştı. Yoksa hilafette şûraya bakılmadı, zorla alındı da şûrâya itibar etmeyerek kendisine isyan ettiğinden Allah ümmeti kendi haline bıraktı mı diyorsunuz? Allah aşkına soruyorum size; Allah'ın bana lütfuyla benim hayırda ilklerden ve en öndekilerden olduğumu ve benden sonra gelen herkesin bu üstünlüğü bilmesi gerektiğini biliyor musunuz? Yavaş olun, beni öldürmeyin; çünkü ancak şu üç kişinin katli caizdir: Evliyken zina eden kişi, imandan sonra küfre giren kişi ya da haksız yere birini öldüren kişi. Eğer beni öldürürseniz Allah kılıcı boyunlarınıza koyar da aranızdaki ihtilafı ilelebet ortadan kaldırmaz.

Soru: Bazı kimseler O'na ne cevap verdiler?

Cevap: Birisi şöyle dedi: "Ömer'den sonra insanların aralarında danışarak seni hilafete getirmeleri hususunu söyledin; Allah'ın her yaptığı hayırdır, ancak seni bu ümmet için bir sınav vesilesi yaptı. Rasûlullah'la (sallallâhu aleyhi ve sellem) birlikte ilklerden ve en öndekilerden olduğundan bahsettin; evet öyleydin ve yönetim için de layıktın. Fakat senin de bildiğin bir takım şeyler türettin ve genel bir fitne olur diyerek hakkında hakkın uygulanmasına da izin vermiyorsun. Sadece üç kişinin öldürülebileceğini söyledin; ancak biz Allah'ın Kitabı'nda söylediğin bu üçten başkalarının da öldürüleceğini buluyoruz ki onlar da yeryüzünde ifsad için uğraşanlar, isyan çıkaranlar ve sonra isyan üzere savaşanlar, bir hakkı uygulamanın önüne geçen, engelleyen ve bu uğurda savaşanlar... Sen de zulüm yaptın, hakkın uygulanmasını engelledin, önüne geçtin ve kibirlendin. Zulmettiğin kişilerin sana kısas uygulamasına izin vermedin. Yönetimimize yapıştın bırakmıyorsun. Sen bu işte kibirlilik yapmadığını iddia ediyorsun ama bizi senden engelleyenler ve aramıza girenler sadece senin hilafete yapışmandan dolayı bunu yapıyorlar. Kendini bu işten soyutlarsan seninle savaşmayı bırakıp gidecekler..."

Soru: İnsanlardan ne talepte bulundu, onlara yemin etti mi?

Cevap: Osman (radıyallâhu anh) hiçbir cevap vermedi.... Onlar O'nu azletmeye ve öldürmeye kararlıydılar.

Sonra yemin ederek insanlardan geri dönmelerini istedi... O hiçbir kanın dökülmemesi için çok özen gösteriyordu. Artık Allah'ın kaderine teslim olmuştu.

Soru: Kimler O'nu korumak ve himaye etmek için yanında kalmada ısrar ettiler?

Cevap: Hepsi döndü; ancak Hasan, Hüseyin, İbn Abbas, Muhammed b. Talha ve Abdullah b. Zübeyr ile beraberlerindeki az sayıda kişi yanında kalmada ve ellerinden geldiğince O'nu korumada ısrar ettiler.

Soru: O'ndan suyu engellediler mi?

Cevap: Azgın isyankarlar Hz. Osman (radıyallâhu anh)'a baskı yapmada ısrarlıydılar. Artık O'na yiyecek ve içeceğin ulaştırılmasına da engel olmaya başladılar. Yanındaki su tamamen bitti ve bu O'nu sıkıntıya soktu[108].

Onun, aile efradının ve hizmetçilerinin susuzlukları arttıkça arttı.

Soru: Kimden yardım istedi?

Cevap: Genelde tüm Müslümanlardan yardım istedi; özelde de Hz. Ali'ye haber saldı. Hz. Ali de yanına bir su testisi alarak bir bineğe bindi ve evine geldi. Cahil kuşatmacılar O'na karşı çıktılar, kaba saba sözler söylediler ve bineğini ürküttüler. Bunun üzerine Ali "Vallahi sizin bu adama yaptığınızı Farslılar ve Rumlar yapmıyorlar. Onlar emrediyorlar ve yedirip içiriyorlar" dedi.

Soru: Hz. Ali'nin suyu sonunda ulaştı mı?

Cevap: Hz. Ali'nin isteğini kabul etmediler ve testileri kırdılar. Su yere aktı. Hz. Ali bu esnada onlara aşırı öfkesinden ve kızgınlığından sarığını evin ortasına attı.

---

108 Bu zor durumunda, O'nun, Rasûlullah'ın (sallallâhu aleyhi ve sellem) hayatında Rume kuyusunu Yahudiden satın alıp Müslümanlara hibe ettiğini hatırlamamak mümkün değil.

Soru: Mü'minlerin annesi Ümmü Habibe nasıl geri çevrildi?

Cevap: Mü'minlerin annesi Ümmü Habibe (radıyallâhu anh) adamları ve hizmetçileriyle birlikte, yanında suyla Osman (radıyallâhu anh)'ın evine geldi. O'na "Buraya neden geldin?" dediler. "O'nda (yani Osman'da) Ümeyye oğullarının yetim ve dulları hakkında bazı vasiyetler var, onları hatırlatmak istedim" dedi. O'nu yalanladılar ve çok katı karşılık verdiler, devesinin bağını kopardılar. Deve ürktü ve bazıları yetişip O'nu tutmasalardı Ümmü Habibe neredeyse düşerek ve ölecekti.

Ümmü Habibe (radıyallâhu anh) maksadına ulaşamadan geri döndü.

Soru: Hacca gitmek isteyince Hz. Âişe'ye (radıyallâhu anh) ne dediler?

Cevap: Hicretin 35. yılı olan bu yılın Zilhicce ayının sonlarında Hz. Âişe (radıyallâhu anhâ) Hacca gitmeye karar verdi. O'na "Burada kalsan daha iyi olur; belki bunlar sana saygı gösterirler" dediler.

Soru: Âişe (radıyallâhu anhâ) ne cevap verdi?

Cevap: Hz. Âişe "Ben onlara bir tavsiyede bulunup sonra Ümmü Habibeye yaptıkları gibi bana eziyet etmelerinden korkuyorum." dedi ve Hacca gitme kararında ısrar etti. "Vallahi onları bundan alıkoymaya gücüm yetseydi kesinlikle yapardım" dedi.

Soru: Hz. Osman (radıyallâhu anh) Hacc emirliğine kimi seçti?

Cevap: Osman (radıyallâhu anh) halifeliği boyunca her yıl

Hacca gidiyor ve Hacc emirliğini kendisi yapıyordu. Bundan hiç geri kalmadı ve hiç aksatmadı. Bu yıl kuşatma altında tutulunca yanına İbn Abbas'ı (radıyallâhu anh) çağırdı ve O'nu hacc emiri yaptı.

Soru: İbn Abbas (radıyallâhu anh) kabul edemeyeceğini vs. söyledi mi?

Cevap: Başta kabul etmedi ve "Seni müdafaa etmek için kapında durmam Haccdan efdaldir" dedi. Ancak Osman (radıyallâhu anh) ısrar edince sonunda kabul etti. İnsanlarla Hac yolculuğuna çıkarken Hz. Osman (radıyallâhu anh)'ın Mekke valisine ve ahalisine gönderdiği bir mektubu da yanında taşıyordu.

Soru: Hz. Osman (radıyallâhu anh)'ın Mekke ahalisine gönderdiği mektupta ne yazılıydı?

Cevap: Bu, hepsini burada zikredemeyeceğimiz kadar uzun bir mektuptur[109]. Mektupta özetle; hadleri uygulamayı, hak sahiplerine haklarını ulaştırmayı emrediyor, kuşatmadan dolayı başına gelenlerden, kendine su ve yiyecek ulaştırılmamasından yakınıyordu. Açıkça kendisinin hiçbir görevinden geri kalmadığını, kendisini halife seçmesi için hiç kimseyi zorlamadığını ve aksine onların kendi özgür istekleriyle kendisini seçtiklerini belirtiyordu. Ayrıca kendisinin kan dökülmesinden ve bölünmelerden kaçındığını, sonra Allah'a tevbe ve istiğfar ettiğini, zira nefsin kötülüğü emrettiğini belirtiyor; Allah'tan ümmetin kalplerini birleştirmesi duasında bulunuyordu. Mektup Hz. Osman (radıyallâhu anh)'ın örnek getirdiği Kur'an-ı Kerim ayetleriyle doludur.

---

109 Taberi ve İbn Kesir gibi tarihçilerin kitaplarına başvurulması rica olunur.

Soru: Bu mektubun varlığının doğruluk derecesi nedir?

Cevap: Takvalı, doğru ve güvenilir olan İbn Abbas'ın (radıyallâhu anh) bunu desteklemesi mektubun doğruluğunu desteklemektedir. Haşa O bunu kendinden uydurmamıştır. Bu Hz. Osman (radıyallâhu anh)'ın Haccdaki Müslümanlara mektubuydu.

Soru: Hainler Hz. Osman (radıyallâhu anh)'ın evine hangi gün ve nasıl girdiler?

Cevap: Hz. Osman'ın (radıyallâhu anh) evinin işgali Zilhicce'nin sekizinci günü, yani Terviye Günü (Arafat'tan bir gün önce) idi!

Evini bekleyenler girenleri engellemeye çalıştılar ve onlarla kapı önünde savaşmaya başladılar. Hz. Osman (radıyallâhu anh) ise Allah aşkına savaşın durdurulmasını ve kapısının kapatılmasını istedi. Onlar da sözünü dinlediler ve istediğini yaptılar.

Soru: Kapısını bekleyenler kimlerdi? Çatışmada onlara ne oldu?

Cevap: Hz. Hasan, Abdullah b. Zübeyr, Muhammed b. Talha, Mervan b. Hakem ve Said b. Ebil'-As ve sahâbe evlatlarından az sayıda kişi evinin kapısı önünde nöbet tutuyordu.

Bu çatışmada Abdullah b.Zübeyr çok yara aldı. Mervan .b. Hakem de elinden yaralandı ve eli felç oldu

Soru: Hz. Osman (radıyallâhu anh)'a nasıl seslenildi? Seslenen kimdi ve O'ndan ne istedi?

Cevap: Hz. Osman (radıyallâhu anh)'a Neyyar b. İyaz, halifeliği bırakmasını, yoksa evini basacaklarını söyledi. İçeriden, kapıda nöbet tutanlardan Kesir b. Sulb O'na ok attı ve öldürdü.

Soru: Neyyar nasıl biriydi?

Cevap: Neyyar isyancıların en cür'etkarı, en azılısı, Mü'minlerin emiri ve Müslümanların halifesiyle de en hiddetli konuşanı idi.

Soru: İsyancılar daha sonra Hz. Osman (radıyallâhu anh)'dan ne istediler?

Cevap: Hz. Osman (radıyallâhu anh)'dan katili teslim etmesini istediler. O ise "Siz beni öldürmeye kastederken, bana yardım edeni size teslim edemem" dedi.

Soru: İşgalciler Hz. Osman'ın (radıyallâhu anh) kilitli kapısına ne yaptılar?

Cevap: Tutuşturulmuş bir odun getirerek kapıyı yaktılar. Evdeki aile efradı ve hizmetçiler paniklediler ve çığlık attılar. Evden bağırma ve ağlama sesleri yükseldi. Evin ortasını bir duman bulutu kapladı!

Soru: Bu arada Hz. Osman (radıyallâhu anh) ne yaptı?

Cevap: Osman (radıyallâhu anh) ise hemen namaza koştu ve Allah'ın kaderin teslim oldu; rükuya gidiyor, secde ediyor ve dua ediyordu. Sonra oturdu ve önüne Kur'an'ını koyup okumaya başladı.

Soru: Allah'ın Kitabı'ndan hangi ayetleri okudu ve etrafındakilere ne dedi?

Cevap: Allah'ın (c.c.) Kitabı'nda açtığı ilk sayfa Taha suresiydi. Etrafındaki olaylar O'nu oyalamadı ve bu sureyi sonuna kadar okudu. Sonra Âl-i İmran Suresinin 173. ayetini sürekli tekrarlamaya başladı: "Onlar ki, insanlar onlara: İnsanlar sizin için toplandı, onlardan korkun, dediklerinde: Allah bize yeter, O ne iyi vekildir, derler".

Evdekilere de "Rasûlullah (sallallâhu aleyhi ve sellem) bana bir tavsiyede bulundu, ben onun üzerinde sebat etmeye çalışıyorum. Onlar kapıyı yakınca daha büyük şeyler isteyecekler" dedi.

Soru: İsyancılar eve nasıl tırmandılar?

Cevap: Hainler kapı önünde direnişle karşılaşınca komşu evlere tırmanmaya, sonra oradan Hz. Osman'ın (radıyallâhu anh) evinin içine atlamaya başladılar. Sonunda evin içi büyük bir kalabalıkla dolup taştı ve bulunduğu yeri doldurdular.

Soru: Evin önündeki direnişçiler ne yaptılar?

Cevap: Bu direnişçiler donup kaldılar ve ne yapacaklarını bilemeden birbirlerinden ayrılıp dağıldılar.

Bir rivayete göre ise haklarında korktuklarından babaları ve akrabaları gelerek onları oradan kurtarıp getirdiler. Böylece ev direnişçilerden boşaldı ve işgalcilerin eline düştü. Artık onları engelleyen hiçbir güç yoktu.

Soru: Hz. Osman (radıyallâhu anh), O'nu öldürmeye atılan ilk kişiye ne dedi?

Cevap: Osman (radıyallâhu anh) öldürmek için ilk gelerek kılıcıyla başına dikilen ve "Halifeliği bırak ki biz de seni bırakalım" diyen adama şöyle dedi: "Yazıklar olsun sana! Vallahi cahiliyyede de İslâm'da da hiçbir (yabancı) kadının yüzünü açmadım! Rasûlullah'a (sallallâhu aleyhi ve sellem) biat ettiğimden bu yana hiç şarkı söylemedim, boş temennilerde bulunmadım ve cinsel organıma sağ elimle dokunmadım. Ben Allah'ın (c.c.) bana giydirdiği elbiseyi çıkaracak değilim. Allah saadet ehline ikram edip bedbahtları zelil edene kadar ben buradayım" dedi. Bunun üzerine adam geri çekildi.

Soru: Beni Leys kabilesinden olan ikinci adama ne dedi?

Cevap: Sonra yanına Beni Leys kabilesinden biri girdi. Osman (radıyallâhu anh) ona "Kimlerdensin?" diye sordu. Adam: "Leys kabilesinden" dedi. Osman (radıyallâhu anh) "Sen o arkadaşım (katilim) değilsin" dedi. Adam: "Nasıl yani?" dedi. Osman (radıyallâhu anh): "Sen Rasûlullah (sallallâhu aleyhi ve sellem)'ın bir grupla birlikte sana "Allah'ın seni şu şu günde koruması için dua etmedi mi?" dedi. Adam: "Evet" dedi. Osman (radıyallâhu anh): "Onun için sen yazık edilmeyeceksin" dedi. Adam geri çekildi.

Soru: Değerli sahâbî Abdullah b. Selam korumak için Hz. Osman'ın (radıyallâhu anh) yanına geldi mi? İnsanlara ne dedi?

Cevap: Dehşete kapılan Abdullah b. Selam (radıyallâhu anh) hemen Hz. Osman'ın (radıyallâhu anh) kapısına koştu. Bağırıyor, onları engellemeye çalışıyor ve şöyle diyordu: "Ey millet, Allah'ın kılıcını üzerinize çekmeyin. Vallahi eğer onu kınından çıkarırsanız bir daha koyamazsınız. Vallahi sizin devletiniz, saltanatınız, yönetiminiz şimdi Allah'ın bereketi ve yardımıyla ayakta duruyor; ama eğer onu öldürürseniz kılıçtan başka bir şeyle ayakta duramaz. Yazıklar olsun size, şu şehriniz (Medine) Allah'ın melekleriyle kuşatılmıştır ve şayet O'nu öldürürseniz vallahi onlar burayı terk edecekler..."

Soru: O'na ne karşılık verdiler?

Cevap: O'na hakaret ettiler, sövdüler ve "Ey Yahudi oğlu, senin bu ne ilgilendirir?" dediler. O da hüzünlü ve tasalı bir şekilde yanlarından ayrıldı.

Soru: Abdullah Osman'ın (radıyallâhu anh) yanına girdi mi ve Hz. Osman (radıyallâhu anh) O'na ne dedi?

Cevap: Abdullah evvela Hz. Osman'ın (radıyallâhu anh) yanına girdi. Osman (radıyallâhu anh) "Neden geldin?"dedi. Abdullah "Sana yardım etmek için geldim?" dedi. Osman (radıyallâhu anh) "İnsanların yanına git ve onları yanımdan kov. Sen yanıma en hayırlı iş için çıkıp gelensin" dedi.

Soru: Abdullah b. Selam isyancılara ne dedi?

Cevap: Bunun üzerine Abdullah yanlarına çıktı ve onlara bazı şeyler söyledi. Söylediklerinden bazıları şunlardır: "Ey İnsanlar, cahiliyye döneminde ismim şuydu ve Rasûlullah (sallallâhu aleyhi ve sellem) "Abdullah" koydu. Hakkımda Allah'ın Kitabı'ndan âyetler indi. Mesela "De ki: Hiç düşündünüz mü; şayet bu, Allah katından ise ve siz onu inkâr etmişseniz, İsrailoğullarından bir şahit de bunun benzerini görüp inandığı halde siz yine de büyüklük taslamışsanız (haksızlık etmiş olmaz mısınız)? Şüphesiz Allah, zalimler topluluğunu doğru yola iletmez" (Ahkaf: 10) ile "De ki: Benimle sizin aranızda şahit olarak Allah ve yanında Kitab'ın bilgisi olan (Peygamber) yeter." (Ra'd: 43) ayetleri benim hakkımda indi..."

Abdullah onlarla uzun uzadıya konuştu. Konuşmasında muhabbet, nezaket ve uyarılar vardı. Ancak onlar hakaret ve sövgüyle karşılık verdiler ve ölümle tehdit ettiler. O da oradan ayrıldı.

Soru: Hz. Ebû Bekir'in oğlu Abdullah Hz. Osman'ın (radıyallâhu anh) yanına girince Hz. Osman (radıyallâhu anh) O'na ne dedi? Abdullah geri çekildi mi?

Cevap: Hz. Osman'ın (radıyallâhu anh) yanına üçüncü olarak Hz. Ebû Bekir'in (radıyallâhu anh) oğlu Abdullah girdi. Yanına yaklaştı, sakalını tuttu ve çekti. Osman (radıyallâhu anh) "Ey kardeşimin oğlu, mümkün değil, baban sakalımı böyle tutacak değildi!" dedi. Bu söz O'nda deprem etkisi yaptı. Zira Hz. Osman (radıyallâhu anh)'a sövmede aşırı gidiyordu. Eli Hz. Osman (radıyallâhu anh)'ın sakalından çekildi; sonra geri dönüp çıktı.

Soru: Hz. Osman'ı (radıyallâhu anh) öldürmeye girişen üç kişi kimdir? Nasıl yaptılar?

Cevap: Bunlardan biri Kinane b. Bişr'dir. Bir demir sopayla alnına vurdu ve Hz. Osman (radıyallâhu anh) yüzü üzeri yere düştü. Sonra Sudan b. İmran kılıcına yapıştı. Üçüncü kişi Amr b. Hamak da Osman (radıyallâhu anh)'ın üzerine çullanıp göğsüne oturdu ve elindeki mızrakla dokuz yerine sapladı. Bu arada da: "Üçü Allah için, altısı ise içimdeki O'na kinim için" diyordu.

Soru: Hz. Osman'ın (radıyallâhu anh) hanımı Harafisa kızı Naile'ye ne oldu?

Cevap: Osman'ın (radıyallâhu anh) son sözü "Bismillah... Tevekkeltü alallâh" (Allah'ın adıyla. Allah'a tevekkül ettim) oldu ve kanı orada duran Kur'an'ın tam "Onlara karşı Allah sana yeter. O işitendir, bilendir" (Bakara: 137) âyet-i kerimesinin üzerine damladı.

Hanımı Naile O'nu müdafaa etmeye çalıştı. Ancak eline vurdular ve parmakları kesildi.

Soru: Hz. Osman'ın (radıyallâhu anh) evi ve beytü'lmal nasıl yağmalandı?

Cevap: Evinde kargaşa hakim oldu ve evdeki her şey sağa sola saçıldı; dört bir tarafa kan sıçradı. Hainler eve akın ettiler ve kalabalıklaştılar. Bazıları "Bize kanı helal oluyor da malı helal olmuyor mu?" dedi. Bunun üzerine ellerine geçen her şeyi aldılar. Hatta Hz. Osman'ın (radıyallâhu anh) hanımının (Mısır yapımı) elbisesine kadar gasbettiler.

Bu arada birisi "Beytü'l-mala koşun, birileri sizden önce gitmesin" diye bağırdı. Oraya gidince beytü'l-mal sorumluları ve bekçileri kaçıp gittiler ve hainler Müslümanların mallarını istila ettiler.

Soru: Hz. Osman (radıyallâhu anh)'ın kanı Kur'an'ın neresine damladı?

Cevap: Bu husustaki en meşhur rivayete göre O'nun pak kanı okumakta olduğu Kur'an sayfasının üst kısmına damladı ve akan kan tam "Onlara karşı Allah sana yeter. O işitendir, bilendir" âyet-i kerimesinde durdu!

Hz. Osman (radıyallâhu anh) şehadete Hicrî 35 yılının Zilhicce ayının sekizinde, Cuma günü ikindi namazı esnasında ulaştı.

Soru: Bu haber kendisine ulaşınca Zübeyr ne dedi?

Cevap: Zübeyr Medine'den ayrılmıştı ve olay esnasında şehir dışındaydı. Haberi duyunca "İnnâ lillâhi ve innâ ileyhi râciûn. Allah Osman'a rahmet etsin" dedi ve bu fitneyi bir parça frenleme ümidiyle Medine'ye geldi.

Talha da böyle yaptı. İnsanlar "Bunlar geliyorlar" deyince alayla "İşte o anda onlar ne bir vasiyyette bulunabilirler, ne de ailelerine dönebilirler" (Yasin: 50) dedi.

Soru: Hz. Ali ne dedi?

Cevap: Durumu öğrenmek için *eve geldi*. "Osman öldürüldü" dediler. "Allah Osman'a merhamet etsin ve ardından durumumuzu hayır eylesin." dedi. O'na "Yapanlar buna pişman oldular" dediler, Allah'ın (c.c.) "Şeytan gibi; insan inkar et, der, inkar edince de ben senden beriyim...der" (Haşr: 16) âyet-i kerimesini okudu. Rivayete göre Hz. Osman (radıyallâhu anh)'ın evine girip O'nu üstünde örtü yere uzanmış bir halde görünce oğlu Hasan'a tokat attı, Hüseyin'in göğsüne vurdu, Talha'nın oğlu Muhammed ile Abdullah b. Zübeyir'e hakaretler savurdu. Başarısız kalmalarından dolayı onlara kötü ve ağır sözler söyledi. Sonra üzüntü ve öfkeyle evine döndü.

Soru: Sa'd b. Ebi Vakkas (radıyallâhu anh) ne dedi?

Cevap: O esnada bahçesinde bulunan Sa'd b. Ebi Vakkas'a haber ulaştırdılar. "Medine'den gitmekle, (fitneye karışmadığımızdan) dinimizi kurtarmışız" dedi ve "(Bunlar;) iyi işler yaptıklarını sandıkları halde, dünya hayatında çabaları boşa giden kimselerdir." (Kehf: 104) âyet-i kerimesini okudu. Sonra "Allahım! Onları yaptıklarına pişman et ve (azabınla) yakala!" diye dua etti [110].

Soru: Bu değerli sahâbîlerin Hz. Osman (radıyallâhu anh)'ı müdafaa imkanları var mıydı? Neden yapmadılar?

Cevap: O günlerdeki Medine'nin durumuna bakan ve araştıran kişi buranın hain isyancıların hakimiyetine girip esir düştüğünü görür. Medine'de onları engelleyecek ve kovacak

---

110 Rasûlullah (sallallâhu aleyhi ve sellem) dua ettiğinden Sa'd b. Ebi Vakkas (radıyallâhu anh) duası makbul biriydi. Gerçekten de Osman'ı (radıyallâhu anh) katleden veya ona iştirak eden herkesin başına daha sonra bir bela gelmiştir. Zalimlerin cezası böyledir.

bir güç yoktu. Bu değerli sahâbîlerden herhangi biri, beraberindeki aile efradıyla bunların karşısına dikilseydi Hz. Osman'ı (radıyallâhu anh) savunan biri kabul edilerek öldürülürdü. Kaldı ki Hz. Osman'ın (radıyallâhu anh) kendisi onlardan savaşmamalarını istemişti. Dolayısıyla onların bu olayda pasif kalıp yardımsız bıraktıkları iddiası kabul edilemez; iftiradır.

Soru: Şehid olduğunda kaç yaşındaydı?

Cevap: Bir rivayete göre 86, en sahih ve tercihe şayan görüşe göre ise 82 yaşındaydı. Vakidi der ki: Bizde onun 82 yaşında öldürüldüğünde ihtilaf yoktur. Bu aynı zamanda Ebû Yakzan'ın görüşüdür[111].

Soru: Şehid olduğu gece rüyasında ne gördü?

Cevap: İbn Ömer (radıyallâhu anh)'dan şöyle rivayet edilmiştir: Osman (radıyallâhu anh) o gece oruca niyetlenmişti. Rüyasında Rasûlullah'ı (sallallâhu aleyhi ve sellem) "Ey Osman, bu gün iftarını bizim yanımızda aç" derken gördü. Sabaha oruçlu çıktı ve o gün şehid edildi.

Soru: Cesedi evde ne kadar kaldı?

Cevap: Hemen defnedilmedi, cesedi evinde üç gün kaldı. Sonra Hakim b. Hizam ile Cübeyr b. Mut'im gelerek Hz. Ali ile konuştular ve defnine karar verdiler.

Bir takım hainler O'nu ve cenazesini taşıyanlar olursa onları taşlamak için yolda toplandılar. Hz. Ali uyarmaları ve engellemeleri için onlara adamlar gönderdi.

---

111 84, 88 ve 90 yaşlarında şehid edildiğine dair rivayetler de bulunmaktadır.

Soru: Ne zaman defnedildi?

Cevap: Tabuta kondu ve evinden çıkarıldı. Aceleden dolayı çıkarken başı kapıya çarptı. Akrabalarından ve başkalarından az sayıda insan akşam ile yatsı arasında karanlıkta gizlice alıp götürdüler ve defnettiler.

Soru: Sahâbîlerden cenazesine kimler katıldı ve cenaze namazını kim kıldırdı?

Cevap: Cenazeye Zübeyr, Hasan b. Ali, Ebû Cehm b. Huzeyfe, Mervan b. Hakem ve Hakim b. Hizam katıldı. Namazı Cübeyr b. Mut'im, bir rivayete göre Misver b. Mahreme kıldırdı. Yıkanmadı ve kefenlenmedi. Elbisesine sarılıp defnedildi.

Soru: Nereye defnedildi?

Cevap: Medine'nin "Haşşu Kevkeb" adıyla meşhur ve Baki mezarlığının dışında kalan bir bahçesine defnedildi[112]. Burasını Baki mezarlığını genişletmek amacıyla daha önce kendisi satın almıştı.

Çünkü bazı fitneciler ve düşmanlar namazını kılan ve taşıyanların O'nu Baki'ye defnetmelerini engellediler.

Soru: Evinden gasbedilen malın ne kadar olduğu söylenmiştir?

Cevap: Daha önce söylediğimiz gibi katilleri "Onun kanı bize helal olmuşken malı nasıl helal olmaz" dediler ve evindeki malını gasbettiler. Sonra daha da azarak beytü'l-mala gidip oradaki malları yağmaladılar.

---

112 Şimdi ise Baki mezarlığı dahilindedir. Üzerinde birkaç sütun üzerine kurulu kubbe vardır. Burasının mezarlığa Muaviye tarafından iltihak edildiği söylenir.

O gün yağmalanan malın miktarı on binlerce dinarla ifade edilmektedir.

Rivayete göre Osman (radıyallâhu anh)'ın şehid edildiği gün haznedarında bir milyon dirhem ve altıyiz bin dinar vardı!

Soru: Hz. Osman (radıyallâhu anh)'ın fiziki görüntüsü nasıldı?

Cevap: Osman (radıyallâhu anh) güzel yüzlü, ince ciltli, uzun sakallı, orta boylu, iri kemikli, geniş omuzlu ve sık saçlıydı. Biraz esmerdi ve öndişleri güzeldi. Rivayete göre yüzünde çiçek hastalığından biraz iz kalmıştı.

Zühri ise O'nu şöyle vasfetmiştir: Yüzü ve ön dişleri güzeldi. Orta boylu ve keldi[113]. Ayaklarının ortası girintili, topuk kısmı ise çıkıntılıydı. (Sakalını vs) sarıya boyardı ve dişlerini altınla kaplatmıştı. Kollarını da kıl kaplamıştı."

Soru: Hz. Osman (radıyallâhu anh)'ın şehid edilmesinde Hz. Ali (radıyallâhu anh) ne dedi?

Cevap: Ebû Cafer el-Ensârî der ki[114]: Hz. Osman (radıyallâhu anh) şehid edilince Hz. Ali'nin yanına gittim. Başında siyah bir sarıkla mescidde oturuyordu. O'na "Osman öldürüldü" dedim. "Onlara sonsuza kadar azap olsun" dedi.

İbn Ebi Leyla'dan şöyle rivayet edilmiştir: Ali'yi Mescid'in önünde -bir rivayete göre; zeytin ağaçlarının olduğu yerde- yüksek sesle "Allahım! Ben Osman'ın kanından beri olduğumu duyururum" derken işittim.

---

113 Başı sonradan kelleşmişti.
114 El-Bidâye ve'n-Nihâye 3 / 40, 41. 7/215.

Soru: Hasan b. Ali (radıyallâhu anh) bir konuşmasında insanlara ne anlattı, Ali (radıyallâhu anh) buna ne dedi?

Cevap: Hasan (radıyallâhu anh) Ali'ye biat edildikten bir süre sonra Kûfe'deyken verdiği bir hutbesinde şöyle dedi: "Ey İnsanlar! Dün ilginç bir rüya gördüm; Yüce Rabb Arş'ın üzerindeydi. Rasûlü (sallallâhu aleyhi ve sellem) geldi ve Arş'ın ayaklarından birinin olduğu yerde durdu. Sonra Ebû Bekir (radıyallâhu anh) geldi ve elini Rasûlullah'ın (sallallâhu aleyhi ve sellem) omzuna koydu. Sonra Ömer (radıyallâhu anh) geldi ve elini Ebû Bekir'in omzuna koydu. Sonra Osman (radıyallâhu anh) eli başında çıkageldi ve "Ey Rabbim, kullarına sor, beni neden öldürmüşler?" dedi. Birden gökte, yerdeki kanın aktığı iki oluk oluştu."

Ali'ye "Hasan'ın ne anlattığını duydun mu?" dediler. "O gördüğünü anlatmıştır" dedi[115].

Soru: Mü'minlerin annesi Âişe (radıyallâhu anhâ) ne dedi?

Cevap: "O'nu kabı (kaptaki suyu) emer gibi emdiniz, sonra öldürdünüz!"

Yine: "O'nu kirden uzak pak elbise gibi bıraktınız, sonra öldürdünüz", bir rivayete göre: "Sonra O'nu yaklaştırdınız, sonra O'nu koç boğazlar gibi boğazladınız." dedi. O'na "Bu senin işin. İnsanlara yanına gitmelerini emretti" dediler. "Hayır, mü'minlerin inanıp kâfirlerin inkar ettiğine yemin olsun ki şuraya oturana kadar onlara hiçbir bir kelime olsun bir şey yazmış değilim" dedi.

A'meş der ki: "(Bunlar) mektubun O'nun diliyle yazıldığını sanıyorladı."

---

115 El-Bidâye ve'n-Nihye 7/217.

O vakit sahte belge hedefine ulaşmıştı ve İbn Sevda'nın eli bundan uzak değildi.

Soru: Ka'b b. Malik (radıyallâhu anh)**, Hz. Osman** (radıyallâhu anh)**'a mersiyesinde ne söyledi?**

Cevap: Ka'b b. Malik'in O'na söylediği mersiye şöyledir:

Elini çekti, sonra kapısını kilitledi.

Allah'ın habersiz olmadığına kesin inandı.

Evdekiler için; onları öldürmeyin, dedi.

Allah savaşmayan herkesi affetsin.

Görüyor musun; beraberlikten sonra Allah onlara

Nasıl kin ve düşmanlık duyguları verdi.

Nasıl da hayır ve iyilik O'nun ardından

Ürken hayvanlar gibi aramızdan çekip gitti.

Soru: Hasan b. Sabit mersiyesinde ne söyledi?

Cevap: Hasan b. Sabit O'na şu dizeleri söyledi:

Din kardeşimden ne istediniz?

Oysa Allah o kuruyan deriyi mübarek kılmıştır.

Allah'ın dostunu evinin içinde katlettiniz.

Zalimane ve doğru olmayan bir iş yaptınız.

Allah'ın sizden aldığı söze riayet etseydiniz ya,

Ahde, Muhammed'in ahdine vefa gösterseydiniz ya.

O sizin aranızda belalı ve tasdiklenen,

Her yerde ahdine en vefalınız değil miydi?

Raşid ve doğru yolda tutulan Osman'ın ölümüne,

Biatleşenlerin yeminleri zafere ulaşmadı.

Hasan b. Sabit'in, Hz. Osman (radıyallâhu anh)'a mersiye olarak yazdığı daha pek çok şiiri vardır.

Soru: Hz. Osman (radıyallâhu anh) kaç defa evlendi?

Cevap: İlk evliliği Rasûlullah'ın (sallallâhu aleyhi ve sellem) kızı Rukiyye ile idi. O'ndan Abdullah adında bir oğlu oldu ve çocuk küçük yaşta öldü. Osman'ın (radıyallâhu anh) künyesi de O'nun adıyladır (Ebû Abdillah). Rukiyye daha sonra öldü ve Hz. Osman (radıyallâhu anh) bu defa O'nun kızkardeşi Ümmü Gülsüm ile evlendi. O da vefat etti ve Ğazevan'ın kızı Fahite ile evlendi. Ondan küçük Abdullah adında oğlu oldu. Ayrıca Cündüb kızı Ümmü Amr ile evlendi ve O'ndan Amr, Halid, Eban, Ömer, Meryem oldu. Velid'in kızı Fatıma ile evlendi ve O'ndan Velid ve Said adında çocukları oldu.Uyeybe kızı Ümmü Benin ile evlendi ve O'ndan Abdulmelik ile Utbe oldu. Şeybe kızı Ramle ile evlendi ve O'ndan Âişe, Ümmü Eban ve Ümmü Amr adında kızları oldu. Bir de Karafisa kızı Naile ile evlendi ve O'ndan Meryem ile Uneyse isminde kızları oldu.

Soru: Ardında kaç çocuk bıraktı?

Cevap: Şehid edildiğinde nikahı altında Naile, Ramle, Ümmü Benin ve Fahite vardı. Kuşatma esnasında bunlardan Ümmü Benin'i boşadığı söylenir.

Buna göre erkek evlat olarak ardında Abdullah, küçük Abdullah, Ömer, Halid, Eban, Ömer, Velid, Said, Abdulmelik'i bıraktı.

Kız çocuklarından Meryem, Âişe, Ümmü Eban ve Ümmü Amr'ı bıraktı.

Eban b. Osman bunların en meşhuruydu.

Çocuklarının sayısı on altıydı; dokuz erkek ve yedi kız.

Soru: Hanımı Naile Hz. Osman'ın (radıyallâhu anh) kana bulanmış gömleğini ne yaptı?

Cevap: Son eşi Naile Hz. Osman'ın (radıyallâhu anh) öldürülürken üzerinde bulunan gömleğini Şam'daki Muaviye'ye (radıyallâhu anh) gönderdi. O da insanları Osman'ın (radıyallâhu anh) katillerine karşı kışkırtmak için onu Dımeşk camisine astı. Onun Hz. Osman'ı (radıyallâhu anh) savunurken kopan parmaklarını gönderdiği de söylenir.

Tüm bunlarla birlikte bir de olayları tüm detaylarıyla anlatan ve intikam almaya teşvik eden bir mektup gönderdi.

Soru: Hz. Osman'ın (radıyallâhu anh) vasiyeti nasıldı?

Cevap: "Bismillahirrahmanirrahim. (Osman b. Affan) şehadet eder ki Allah'tan başka ilah yoktur, Muhammed O'nun elçisidir, cennet haktır, cehennem haktır ve Allah şüphe olmayan günde herkesi diriltecektir. Şüphesiz Allah vaadından dönmez. O (Osman) bu inanç üzere yaşar, bunun üzerine ölür ve İnşaallah bu inanç üzere diriltilir."

Soru: Hz. Osman (radıyallâhu anh) halka verdiği son hutbesinde ne demiştir;

Cevap: Hz. Osman'ın (radıyallâhu anh) halka verdiği son hutbe şöyledir:

"Allah (c.c.) size dünyayı ancak, onunla ahireti elde etmeye çalışasınız diye verdi, ona meyledip dayanmak için değil. Dünya yok olur, ahiret ise baki kalır. Onun için sakın ola fani olan sizi şımartmasın ve baki olandan oyalamasın. Bakiyi faniye tercih edin. Zayıftır; dünya sona erecektir ve dönüş Allah'adır. Aziz ve Celil Allah'tan korkun. Ondan korkmak azabına karşı kalkan, nimetine ulaşmaya bir vesiledir.

Farklılaşmakta (gruplaşmakta) Allah'tan sakının, cemaatiniz-den (Müslümanlar topluluğundan) ayrılmayın ve bölük bö-lük olmayın. "Allah'ın size olan nimetini hatırlayın! Hani siz birbirinize düşman kişilerdiniz de O, gönüllerinizi birleştirmişti ve O'nun nimeti sayesinde kardeş kimseler olmuştunuz." (Âl-i İmran: 103).

Soru: Hz. Osman (radıyallâhu anh) Mescid-i Nebevî'nin neresini genişletti?

Cevap: Muttalib b. Abdullah b. Hantab anlatıyor: Hz. Osman (radıyallâhu anh) Hicrî 24 yılında halife olunca insan-lar O'na Cuma günleri Mescid'in dar geldiğinden ve insanla-rın dışarıda boş alanlarda kıldığından yakındılar ve O'nunla Mescid'i genişletmesi hakkında konuştular. O da Rasûlullah'ın (sallallâhu aleyhi ve sellem) sahâbîlerinden görüşüne itibar edilir kimselerle istişare yaptı. Bunlar Mescid'i yıkıp geniş yapma-sı görüşünde birleştiler. Osman (radıyallâhu anh) öğle namazını kıldırdıktan sonra minbere çıktı. Allah'a hamd-u sena ettikten sonra şöyle dedi: "Ben Rasûlullah'ın (sallallâhu aleyhi ve sellem) Mescid'ini yıkıp onu genişletmeyi istiyorum. Şehadet ederim ki Rasûlullah'ı (sallallâhu aleyhi ve sellem) "Kim bir mescid inşa ederse Allah ona cennette bir köşk inşa eder" buyururken işit-tim. Bu hususta benim selefim ve benden daha önce geçmiş imam ve önderim var -Ömer (radıyallâhu anh)'ı kastediyor-. O da ekleme yapmış ve öyle inşa etmişti. Ben de Rasûlullah'ın (sallallâhu aleyhi ve sellem) sahâbîlerinden görüşü muteber kimse-lerle istişare ettim ve onlar mescidin yıkılıp yeniden inşasında ve genişletilmesinde ittifak ettiler."

İnsanlar o gün bunun olmasını çok arzuladılar ve Hz. Osman'a (radıyallâhu anh) dua ettiler.

Sabah olunca Hz. Osman (radıyallâhu anh) işçileri çağırdı ve bu işe bizzat kendisi soyundu. Her gün oruç tutar, gece boyu namaz kılar, Mescid'den çıkmazdı... İnşaatta kullanılmak üzere hurma ağacına işleyen kireç getirtti. İnşaata Hicrî 29 yılında Rebiul-evvel ayının başlandı ve on ay sonra Hicrî 30. yıla girerken, Muharrem ayının ilk gününde tamamlandı.

Soru: Mescid-i Haram'da (Kâbe ve etrafı) ne tür bir genişletme yaptı?

Cevap: Mescid-i Haram, Kâbe etrafındaki, tavaf edenler için tahsis edilmiş boşluktan ibaretti. Rasûlullah (sallallâhu aleyhi ve sellem) ve Ebû Bekir zamanında etrafını kuşatan bir duvar yoktu. Evler hemen çevresini kuşatıyordu. Evler arasında kapılar vardı ve İnsanlar her bir yerden giriyorlardı. Hz. Ömer (radıyallâhu anh) halife olup insanlar çoğalınca Mescid'i genişletti. Etraftaki evleri satın alıp yıktı ve Mescid-i Haram'a kattı. Buraya bir de bir adam boyundan kısa, basit bir duvar yaptı. Mumlar bunun üzerine konurdu. Ömer (radıyallâhu anh) Mescid-i Haram'a duvar yapan ilk kişidir.

Osman (radıyallâhu anh) halife olunca etraftaki başka evleri de aldı ve daha da genişletti. Mescid-i Haram ile Revak'ı (üstü kapalı önü açık yapı) inşa etti. Böylece Revak'ı ilk yapan kişi Hz. Osman (radıyallâhu anh) oldu.

Kâbe'nin örtüsü cahiliyye döneminde normal örtüydü. Rasûlullah (sallallâhu aleyhi ve sellem) Yemen örtüsüyle örttürdü; Hz. Ömer (radıyallâhu anh) de Mısır örtüsüyle örttürdü.

Mescid-i Haram'ın genişletilmesi de Hicrî 26 yılında yapıldı.

Soru: Hz. Osman (radıyallâhu anh)**'ın imardaki hizmetlerinden biri de limanı Şuayba'dan Cidde'ye dönüştürmesidir. Bu nasıl olmuştur?**

Cevap: Hicrî 26 yılında Mekkeliler Cahiliyye döneminde liman olarak kullanılan Şuayba yerine Mekke'ye daha yakın olan Cidde'nin kullanılması için talepte bulundular.

Osman (radıyallâhu anh) da Cidde'ye gitti ve sahili gördü. Sonra buranın limana dönüştürülmesini emretti. Denize girdi, yıkandı ve "Bu mübarek bir su" dedi. Beraberindekilere de "Yıkanmak için denize girin. Hiç kimse peştemalsız girmesin" dedi.

Sonra Cidde'den ayrıldı ve Asefan yoluyla Medine'ye gitti.

İnsanlar Şuayba'yı liman olarak kullanmayı bıraktılar ve Cidde günümüze kadar Mekke'lilerin limanı olmaya devam etti.

Soru: Hz. Osman'ın (radıyallâhu anh) **yeme içmede zühdü nasıldı?**

Cevap: Hz. Osman (radıyallâhu anh) yemekte zahidlik yapmaz, bilakis yumuşak, hoş ve yağlı yiyeceklerden yerdi.

Abdullah b. Amir anlatıyor: Ramazan ayında Hz. Osman (radıyallâhu anh) ile birlikte iftar yemeği yiyordum. Bize Hz. Ömer'inkinden daha hoş ve yumuşak yiyecekler getiriyordu. Ben Osman'ın (radıyallâhu anh) sofrasında her gece elenmiş un (dan ekmek) ile kuzu eti gördüm. Ömer (radıyallâhu anh)'ı ise elenmiş un yerken de, koyunun yaşlısından başkasının etini yerken de görmedim. Bunu Osman (radıyallâhu anh)'a söyleyince "Allah Ömer'e rahmet eylesin, O'nun yaptığına kimin gücü yeter?" dedi.

Soru: Hz. Osman (radıyallâhu anh) cömertlikte nerelere varmıştı?

Cevap: Osman'ın (radıyallâhu anh) cömertliği, keremi, eli bolluğu ve fedakarlığı anlatmakla bitmez. Bunların pekçoğu daha önce geçti.

Bu hususta rivayet edilen şeylerden biri şudur: O'nun (radıyallâhu anh) Talha b. Ubeydullah'tan elli bin alacağı vardı. Bir gün Osman (radıyallâhu anh) mescide gittiğinde Talha ona "Malın hazır oldu, gel de teslim al" dedi. Osman (radıyallâhu anh) "O' senin olsun ey Ebû Muhammed. Onunla onurlu duruşuna destek olursun".

Soru: Hz. Osman'ın (radıyallâhu anh) fıkhî görüşleri ve fetvaları nasıldı?

Cevap: Adamın biri Rasûlullah'ın amcası Abbas b. Abdulmuttalib'i küçümsedi. Bunun üzerine Osman (radıyallâhu anh) "Rasûlullah (sallallâhu aleyhi ve sellem) amcasını yüceltecek, sonra da O'nun küçük düşürülmesine izin vereceğim, öyle mi?" diyerek ona sopa vurdurdu. O'nun bu kararı iyi görüldü.

Yine O'nun zamanında sarhoşluk arttı. Hz. Osman (radıyallâhu anh) sokakta devriye gezen birilerini gönderir ve onların getirdiklerine sopa attırırdı. Osman'a (radıyallâhu anh) İbni Zilhibke adında birinin içki içtiği haberi ulaştı. Bunu kesinleştirince O'na tazir cezası (imamın belirlediği ve had cezasından hafif ceza) verdi ve "siz yeni şeyler türettiniz. Ciddi olup şakayı bırakın" diyerek O'nu bundan men etti.

Soru: Hz. Osman'ın (radıyallâhu anh) feraseti nasıldı?

Cevap: Rivayet edildiğine göre bir gün huzuruna bir adam girdi. Hz. Osman (radıyallâhu anh) ona biraz baktıktan sonra "Buraya öyle biri geliyor ki gözlerinden zina okunuyor" dedi. Adam dehşete kapıldı ve "Rasûlullah'tan (sallallâhu aleyhi ve sellem) sonra bir vahiy mi?" dedi. Osman (radıyallâhu anh) "Hayır, sadece doğru bir feraset" dedi.

.İşte bu mü'minin ferasetidir

Soru: Hz. Osman'ın (radıyallâhu anh) halifeliğinde yaptığı ilkler nelerdir?

Cevap: Hz. Osman (radıyallâhu anh):

1- Müezzinlere maaşı ilk bağlayandır.

2- Hutbe verirken yakasından tutulup sarsılan ilk kişidir.

3- Bayram namazında hutbeyi namazdan öne ilk alandır.

4- Zekatlarını ödeme işini insanlara ilk bırakandır.

5- İlk polis edinendir.

6- Ailesiyle birlikte Hicret eden ilk kişidir.

7- Kur'an-ı Kerim'de insanları tek bir kıraat üzerinde birleştiren ilk kişidir.

8- Hilafete annesi hayattayken gelen ilk halifedir.

9- Cuma günü üçüncü ezanı ekleyen ilk halifedir.

10- Toprağı tımar olarak veren ilk halifedir.

11- Unu üğüten ilk halifedir.

12- Zekat hayvanlarına otlak yeri ayıran ilk halifedir.

Soru: Halifeliği ne kadar sürdü?

Cevap: Halifeliği 11 yıl, 11 ay, 22 gün sürmüştür.

Şehadeti Hicrî 35 yılının Zilhicce ayının sekizinde - bir rivayete göre on sekizinde- olmuştur. Halifeliğinin başlangıcı da Hicrî 24 yılının Muharrem ayının başıdır.

Soru: O'nun zamanında gerçekleştirilen fetihler nelerdir?

Cevap: Yönetimle ilgili karşılaştığı sorunlar ve kargaşalar Hz. Osman'ın (radıyallâhu anh) fetihlerle ilgilenmesini hiçbir şekilde engellemedi. O orduları donatmak, destek birlikleri ulaştırmak, meşhur komutanları belirleyip göndermek ve delegeler göndermek gibi fetihle ilgili gerekli her şeyi yapmaktan geri durmamış; bunların hiçbirini ertelememiştir.

Unutmayalım ki ilk deniz savaşı O'nun döneminde oldu, Kıbrıs fethedildi ve üzerinde hakimiyet kuruldu. Yine denizde yapılan "Zatussavari(sütunlar) savaşı" Müslümanları denizin efendisi yaptı ve o günden sonra Rumlar Müslümanlarla savaşmaya cesaret edemediler.

Yine Kuzey Afrika'daki, Nube ve Sudan'a kadar yukarı Mısır'daki ve doğuda Hazar denizine kadar uzanan bölgedeki ve Küçük Asya'daki İslâmî fetihler ve İslâmî yayılma bu dönemde oldu. Öyle ki İslâm Devleti sıcak ve soğuk bölgelere ayrılacak kadar genişledi.

Soru: Hz. Osman (radıyallâhu anh) hakkında söylenen hadis-i şeriflerden bazılarını zikrediniz.

Cevap: Bu hususta pek çok hadis vardır. En meşhurları Sahih ve Sünen (Kütüb-i sitte) vs kitaplarında geçen şu hadislerdir:

1- "Allahım! Ben Osman (radıyallâhu anh)'dan razı oldum, sen de O'ndan razı ol."[116]

2- "Ey Osman! Allah senin günahlarını bağışlasın; geçmişte yaptığın ve ileride yapacağın, gizlediğin ve açıkladığın ve de kıyamet gününe kadar yapacağın tüm günahları!"

3- "Osman ümmetimin en hayalısı ve en cömerdidir".

4- "... Osman da cennettedir."

5- "Osman çok hayalıdır (utangaçtır), melekler O'ndan haya ederler".

6- "Osman benim arkadaşım; cennette benimle olacak".

7- "Osman benim dünya ve ahirette dostumdur".

Allah (c.c.) efendimiz Osman'dan (radıyallâhu anh) razı olsun, O'na rahmet etsin ve O'nu bağışlasın.

---

116 Rasûlullah (sallallâhu aleyhi ve sellem) bunu Osman'ın (radıyallâhu anh) Rume kuyusunu satın alıp Müslümanlara hibe etmesi üzerine söylemiştir.

....

....

....

....

....

....

....

....

....

....

....

....

....

....

....

....

....

....

....

....

....

....

....

....

....

....

....

....
....
....
....
....
....
....
....
....
....
....
....
....
....
....
....
....
....
....
....
....
....
....
....
....
....
....
....
....